Theophil Spoerri

Geschichten vom Übergang

Erfahrungen bei der Begleitung sterbender Menschen

Friedrich Reinhardt Verlag Basel/Berlin

Umschlagbild: Gerd Wolf, Hemmenhofen

Die Deutsche Bibliothek – CIP-Einheitsaufnahme

Spoerri, Theophil:
Geschichten vom Übergang : Erfahrungen bei der Begleitung sterbender Menschen / Theophil Spoerri. - Basel ; Berlin : F. Reinhardt ; Winterthur : Verl. zum Ziel, 1994
ISBN 3-7245-0832-8 (Reinhardt)
ISBN 3-909245-03-X (Verl. zum Ziel)

Printed in Switzerland by Reinhardt Druck Basel
ISBN 3-7245-0832-8

Inhalt

Vorwort und Dank

Der «äussere» Anlass, der mich dazu bewog, Geschichten von sterbenden Menschen aufzuschreiben, war eine Tagung zum Thema Sterbebegleitung, an welcher ich aus der Sicht des Spitalseelsorgers Erfahrungen mitteilen sollte. Der «innere» Anlass ist aber viel wichtiger: mein eigenes Bedürfnis, mir Erlebnisse mit sterbenden Menschen gleichsam von der Seele zu schreiben.

Die «Geschichten vom Übergang» vermitteln nicht Ergebnisse der Sterbeforschung. Es sind vielmehr persönlich gefärbte Berichte von *meinen* Erfahrungen beim Sterben *anderer* Menschen.

Ich danke Herrn Peter Fässler-Weibel, den ich anlässlich eines Weiterbildungsprojektes kennenlernte und dem ich meine Geschichten zu lesen gab, für seine spontane Bereitschaft, die Texte im Verlag zum Ziel Winterthur herauszugeben. Wir führten mehrere ausführliche Gespräche zum Thema, deren wesentliche Teile im Anschluss an die Geschichten wiedergegeben werden.

Weiter bedanke ich mich bei Herrn Dr. Ernst Reinhardt, Leiter des Friedrich Reinhardt Verlags Basel, der die Publikation als Mit-Verleger ermöglicht.

Frau Doris Gehring und Frau Petra Eigenmann danke ich herzlich, dass sie mein teilweise handgeschriebenes Manuskript mit dem Computer ins reine geschrieben haben.

Es ist mir auch ein Bedürfnis, Herrn Gerd Wolf, Hemmenhofen, für das in Holz geschnittene Bild auf dem Buchumschlag zu danken.

Basel, Oktober 1993 Theophil Spoerri

Wer ist Experte in Sachen Sterben?

Hin und wieder werde ich zu Seminarien und Tagungen eingeladen, um dort zum Thema Sterbebegleitung zu sprechen. Gewöhnlich heisst es: Erzählen Sie von Ihren Erfahrungen als Spitalseelsorger; Sie werden doch oft zu Sterbenden gerufen. Erfahrungsbericht heisst *Expertenbericht*, denn *expertus* heisst lateinisch *der Erfahrene*. Da stutze ich; denn ich komme mir keineswegs als ein Experte in Sachen Sterben vor. Das wäre ein absurder, ein vermessener Anspruch. Denn bis jetzt
– bin ich noch nie gestorben;
– war ich noch nie sterbenskrank;
– erinnere ich mich nicht, dass ich je in unmittelbarer Todesnot und Todesgefahr gestanden hätte;
– habe ich noch nie bewusst Todesängste ausstehen müssen;
– habe ich noch nie um das Leben eines meiner Kinder oder meiner Lebenspartnerin zittern müssen.

Ich habe das Sterben immer aus einer sicheren Distanz miterlebt, mitbeobachtet.

Aber durch meine Arbeit als Seelsorger im Spital habe ich sehr oft mit Menschen zu tun, welche das

Sterben selber unmittelbar, haut- und seelennah erfahren, sei es als Sterbende oder als nahe Angehörige. Sie sind die eigentlichen Experten, die Erfahrenden und die Erfahrenen! Ich versuche, diesen Menschen beizustehen. Das heisst: bei ihnen stehen, als Begleiter, Tröster, Zeuge; als einer, der Anteil nimmt an ihrem Erleben, der versucht, ihre Gefühle mitzufühlen, sie zu teilen. Dabei vergesse ich nie, dass ich selber nicht von diesem Sterben betroffen bin. Ich kann einzig dabeistehen und dadurch ein Stück weit beistehen.

Kurt Tucholsky hat 1929 unter dem Titel «Befürchtung» einen satirischen Text zu diesem Thema verfasst. Ein paar Sätze daraus:

> «Werde ich sterben können? Manchmal fürchte ich, ich werde es nicht können... Wer wird mir das mit dem Sterben beibringen?... Ich habe Kranke sterben sehen – es schien, dass sie sich sehr damit plagten. Wie aber, wenn ich mich nun dabei so dumm anstelle, dass es nichts wird? Es wäre doch immerhin denkbar...
>
> ‹Keine Sorge, guter Mann! Es wird sich auf Sie herabsenken, das Schwere. Sie haben eine falsche Vorstellung vom Tod, es wird...›
>
> Spricht da jemand aus Erfahrung? Woher die ungeheure Überlegenheit der Priester (und Ärzte, T. S.), die so tun, als seien sie alle schon hundertmal gestorben...?

Vielleicht wird es nicht so schwer sein. Ein Mensch wird mir vielleicht beistehen beim Sterben. Und wenn ich nicht gar zu grosse Schmerzen habe, werde ich verlegen und bescheiden lächeln: ‹Bitte, entschuldigen Sie, es ist das erste Mal.›»

Frau B.: Die türkische Frau

Im Spätherbst bittet mich eine Krankenschwester, Frau B. zu besuchen. Sie sei etwa 40jährig und leide an einem unheilbaren Lungentumor. Ausser von ihrem Mann bekomme sie keinen Besuch. Sie sei Türkin, also Muslima, und spreche kaum deutsch. Ob ich trotzdem ab und zu bei ihr vorbeischauen würde?

Von da an besuche ich sie ein- oder zweimal in der Woche, setze mich für wenige Minuten an ihr Bett und versuche, mit ihr in Kontakt zu treten. Ein flüssiges Gespräch kommt jedoch nie zustande. Ein paar verlegene, isolierte Sätze:

«Wie geht es Ihnen, Frau B.?»

«Danke, gut.»

«Haben Sie Schmerzen, Frau B.?»

«Nur ein wenig.»

Und so weiter.

Aus einem weissen, abgezehrten Gesicht schauen mich zwei traurige, grosse Augen an. Ihre schwarzen Haare liegen oft feucht von Schweiss auf dem weissen Kopfkissen; heissfeucht fühlt sich auch ihre Hand an, die ich manchmal für ein paar Augenblicke in der meinen halte.

Wenn ich nach etwa zehn Minuten von ihr weggehe, erleichtert und hilflos zugleich, frage ich mich, ob dieser Kontakt für sie hilfreich gewesen sei. Ob sie überhaupt eine Vorstellung davon habe, was ein Seelsorger, ein Pfarrer ist.

An einem Nachmittag begegne ich in der überfüllten Cafeteria des Spitals Frau B. im Rollstuhl mit ihrem Mann. Sie flüstert ihm etwas ins Ohr; da kommt er freudig auf mich zu, begrüsst mich herzlich und lässt nicht locker, bis er mir einen Kaffee spendieren darf.

Um die Weihnachtszeit verschlechtert sich ihr Zustand sehr schnell. An einem trüben Januarnachmittag wird sie zum Sterben in ein Einzelzimmer verlegt. Zufällig (zufällig?) bin ich auf der Station und betrete ihr Zimmer. Schwer atmend liegt sie im Bett und reagiert nicht auf meine Worte, meine Berührung. Soll ich gleich wieder weggehen? Ich spüre, dass ich mich jetzt nicht davonstehlen darf. Ich nehme einen Stuhl und setze mich ans Kopfende des Bettes. Dann fasse ich ihre Hand und sitze lange schweigend da. Lange – das heisst wohl bloss ein paar Minuten. Dann sage ich, einer Eingebung folgend: «Frau B., ich möchte für Sie ein Lied singen.» Vielleicht will ich es ja ebenso für mich selber singen, um meine Verlegenheit zu überbrücken. Ich spüre keine Reaktion.

Trotzdem singe ich «Der Mond ist aufgegangen», sechs Strophen. Ich weiss nicht, ob sie ein Wort versteht. Als ich fertig gesungen habe, sage ich nach einer Weile: «Frau B., ich gehe jetzt; aber ich werde morgen früh nach Ihnen sehen.»

Anderntags gehe ich gegen halb neun auf die Station. Ihr Mann begegnet mir im Korridor. Er sieht übernächtigt aus. Wahrscheinlich hat er die ganze Nacht bei ihr gewacht. Aufgeregt spricht er mich an: «Herr Pfarrer, Sie haben gestern meiner Frau ein Lied gesungen, kommen Sie! Bitte, singen Sie noch einmal!» Woher weiss er, dass ich gestern gesungen habe, frage ich mich, es ist doch keine Drittperson dabeigewesen. Ob sie, die sterbende Frau, ihm davon erzählt haben könnte?

Herr B. schiebt mich ins Zimmer und stellt sich erwartungsvoll am Fussende des Bettes auf: «Bitte, singen Sie!» Da wiederholt sich die gestrige Szene. Ich setze mich auf einen Stuhl am Kopfende, nehme ihre Hand in meine und singe trotz der frühen Vormittagsstunde das Lied von Matthias Claudius «Der Mond ist aufgegangen», sechs Strophen.

Als ich fertig bin, sitze ich noch eine Weile und stehe dann leise auf. Am Fussende steht Herr B., die Tränen laufen ihm übers Gesicht. Er tritt zu mir, fasst meine rechte Hand, führt sie zu seinen Lippen und drückt einen Kuss darauf. Er tut dies mit einer ehrfurchtsvollen, aber keineswegs unterwürfigen Geste. Da kommen *mir* die Tränen! Dieser einfache türkische Gastarbeiter, ein Muslime, bezeugt mir, einem Vertreter der christlichen Religion, den tiefsten Respekt, weil ich seiner sterbenden Frau und ihm an der Grenze von «hier» zu «dort» durch mein Singen beigestanden habe. Ich spüre einen Kloss im Hals, eile aus dem Zimmer und habe das Bedürfnis, irgend jemandem dieses Erlebnis mitzuteilen.

Im Stationsbüro sitzen zwei junge Schwestern am Schreibtisch über ihren Papieren. Als ich eintrete, schauen sie auf. Die eine fragt in sachlichem Ton: «Waren Sie bei Frau B.?» «Ja, ich war mit ihrem Mann bei ihr», antworte ich, «und denken Sie, ich habe ein Lied gesungen, und dann hat ihr Mann mir die Hand geküsst.» So sprudelt es aus mir heraus. «So», lautet die Antwort der jungen Schwester. Dann wendet sie sich wieder ihren Papieren zu.

Frau B. verstarb wenige Stunden später.

Frau C.: Wie eine Wespe im Glas

Bei meinem morgendlichen Besuch auf der Notfall-Bettenstation begrüsst mich Frau C. Sie kenne mich von einer Veranstaltung, die ich vor Jahresfrist in einer Vorortsgemeinde bestritten habe. Sie freue sich, mich wiederzusehen, wenn auch unter wenig erfreulichen Umständen. Sie sei nämlich gestern wegen irgendwelcher Beschwerden zu ihrem Hausarzt gegangen. Er habe Verdacht auf Lungenkrebs geschöpft und sie direkt von der Praxis ins Spital eingewiesen. Jetzt sei sie halt da. Sie sei froh, wenigstens ein vertrautes Gesicht zu sehen. Ich solle sie doch bald auf der Station besuchen.

Im Lauf der Zeit lerne ich Frau C. näher kennen. Sie ist Mitte fünfzig, eine kluge, energische Frau, in politischen Gremien ihrer Gemeinde sehr engagiert, Inhaberin mehrerer verantwortungsvoller Ämter. Sie hat drei erwachsene Söhne, der jüngste soll gerade sein Abitur machen.

Frau C. tritt im Februar ins Spital ein und stirbt am Tag, bevor die Sommerferien beginnen, Ende Juni. Von Anfang an macht sie sich über ihren Gesundheitszustand keine Illusionen. Abgesehen von ihrem Ehemann und den drei Söhnen erhält sie zahlreiche Besuche von Freundinnen und Bekannten. Ihre 80jährige Mutter – eine «Dame» im besten Sinn das

Wortes – besucht sie jeden Tag. Sie sitzt, jederzeit zur Hilfe bereit, täglich viele Stunden am Bett ihrer todkranken Tochter.

In der ersten Zeit besuche ich Frau C. etwa zweimal in der Woche. Dann fragt sie mich, ob ich nicht öfter, am besten jeden Tag, bei ihr hereinschauen könne.

Einmal lacht sie und meint, sie hätte sich nie träumen lassen, mit einem Pfarrer so intensiven Kontakt zu haben. Sie sei zwar nicht aus der Kirche ausgetreten; aber sie halte wenig von der Kirche und den Pfarrern an ihrem Ort.

Etwa in der vierten Woche ihres Spitalaufenthalts – noch kann sie jeden Tag aufstehen und einige Stunden im Sessel beim Fenster sitzen – sagt sie zu mir: «Hören Sie, Herr Pfarrer, meine Freunde sagen du zu mir und nennen mich beim Vornamen und ich sie auch – ich möchte, dass wir uns von jetzt an du sagen.» Von da an sind wir Freunde.

An ihrem Bett herrscht oft viel Betrieb, zuviel. Sie wird dann still und lässt die Besucher unter sich reden. Mit Absicht besuche ich sie deshalb möglichst früh am Vormittag. Da sind wir meistens allein. Dann lockert sie ihre stets tadellos gefasste, aber immer auch etwas distanzierte Haltung und zeigt ihre Gefühle: Angst, Ausweglosigkeit, Sehnsucht nach einem festen Halt. Einmal sagt sie: «Ich komme mir vor wie eine Wespe, die sich in einer Flasche gefangen hat. Sie sieht zwar durchs Glas, kann aber nicht hinaus.» Das Bild von der gefangenen Wespe verfolgt mich. Was soll ich dazu sagen? Zwar kann ich bei Frau C. *sein*; aber manchmal habe ich das Bedürfnis, ihr auch etwas *sagen* zu können.

Ich kann aber nicht irgendeinen frommen Spruch zitieren. Etwa: «Du bist in Gottes Hand, was immer geschieht, und er wird es bestimmt gut machen.» Ich habe Angst, sie würde mich fragen, höflich, aber kritisch: «... und woher weisst du das?»

Da fällt mir das Gedicht von Dietrich Bonhoeffer ein: «Von guten Mächten...» Vorsichtig frage ich sie, ob ihr der Name Dietrich Bonhoeffer bekannt sei. Ich würde ihr gerne etwas von ihm erzählen. In wenigen Sätzen berichte ich von seinem Widerstand gegen das Naziregime und dass er im Gestapogefängnis in Berlin inhaftiert gewesen sei. Silvester 1944 habe er für seine Verwandten und Freunde ein Gedicht geschrieben. Und kurz vor der Kapitulation, im April 1945, sei er erschossen worden. Dann zitiere ich Bonhoeffers Worte:

«Von guten Mächten wunderbar geborgen,
erwarten wir getrost, was kommen mag.
Gott ist mit uns am Abend und am Morgen,
und ganz gewiss an jedem neuen Tag.«

Frau C. hört mir sehr, sehr aufmerksam zu, ohne zu widersprechen. In den folgenden Wochen bittet sie mich immer wieder, ihr diese Verse vorzusagen. Sie hat genau gespürt, dass sie nicht einfach fromm dahergeredet, sondern echt sind.

Inzwischen ist es Frühling geworden. Ich besuche Frau C. jeden Tag zur gleichen Stunde und sage es ihr jedesmal, wenn ich für einige Tage verreise. Die Kontinuität ist ihr ganz wichtig.

Eines Tages bittet mich Frau C., nach ihrem Tod die Abdankungsfeier für sie zu halten. Sie beruft zur Besprechung der Modalitäten der Bestattungsfeier eine richtige Konferenz zwischen ihr, ihrem Mann und mir ein. Sie ist sehr schwach; aber trotzdem leitet sie diese Sitzung mit energischer Sachlichkeit, indem sie Punkt für Punkt von der Traktandenliste abhakt. Es scheint ihr ein grosses Bedürfnis zu sein, dass ihr Abgang von der Welt in ihrem Sinn gestaltet werde.

Unterdessen ist der Frühsommer eingezogen, und die Ferien rücken immer näher. Ich habe für die erste Ferienwoche etwas geplant, was ich unmöglich verschieben oder rückgängig machen kann. Ich sage Frau C., dass ich in der ersten Juliwoche abwesend sein werde. Sie erschrickt und meint dann entschlossen: «Dann muss ich halt vorher sterben – oder nachher. Aber du musst dabei sein und die Beerdigung halten!»

Die Zeit wird immer knapper. Es wird ein absurder Wettlauf gegen das Datum meiner Abreise. Es scheint, als würde Frau C. den Wettlauf gewinnen. In der zweiten Junihälfte verschlechtert sich ihr Zustand rasch. Zeitweilig liegt sie in tiefer Bewusstlosigkeit. Man wartet täglich auf ihren Tod. Aber trotzdem rücken die Ferien immer näher heran.

Am Freitag vor den Ferien bin ich schon sehr früh bei ihr. Die Nächte zuvor hatte ihr Mann oder einer der Söhne bei ihr gewacht. Sie war kaum einen Augenblick allein gelassen worden. Jetzt scheint es wirklich zu Ende gehen zu wollen; aber noch ist ein Funke Leben in ihr. Dann passiert das Eigenartige: Nachdem man so manchen Tag auf ihr Verlöschen gewartet und sie nicht aus den Augen gelassen hatte – im Augenblick ihres Todes ist sie dann doch mit sich allein. Kurz vor Mittag verlassen alle Anwesenden für wenige Minuten nur, aus scheinbar unaufschiebbaren Gründen, ihr Zimmer – und in dieser kurzen Zeit geht Frau C. aus der unerträglichen Enge ihrer Krankheit hinüber in die Freiheit. Vielleicht hat sie diesen Gang alleine und ohne Zeugen tun wollen...

Ich kann nur hinzufügen, dass Herr C. bei den Gemeindebehörden verlangte, dass die Beerdigungsfeier erst nach meiner Rückkehr von der für mich so wichtigen Reise stattfinden solle. Die Behörden entsprachen diesem Wunsch. Ich konnte an einem strahlenden Sommertag die Abdankung gestalten, indem ich mich an das hielt, was wir damals bei unserer Konferenz vereinbart hatten: dass ich so reden würde, wie mir «der Schnabel gewachsen ist».

Herr K.: Ich habe mich damit abgefunden

Er ist Mitte vierzig und liegt wegen eines langwierigen Hautleidens in der Dermatologischen Klinik. Während seines Aufenthaltes im Spital bekommt er Kehlkopfkrebs. Sein Zustand verschlechtert sich sehr rasch. Herr K. war einmal Handwerker, hatte einen eigenen Betrieb. Ich erfahre nie genau, weshalb er ihn aufgeben musste. Er erzählt mir aber, dass er schon lange geschieden sei. Bitterkeit und Hass schwingen in seinen Worten, wenn er es erwähnt. Er habe auch zwei Töchter, die seien jetzt etwa 18 und 21; aber seit Jahren habe er sie nicht mehr gesehen. Er frage auch nicht nach ihnen. Dieses Kapitel sei für ihn schon lange abgeschlossen.

Herr K. gibt sich «cool», abgeklärt, unerschütterlich. Er wisse genau, wie es um ihn stehe, und dass ihm der Tumor jederzeit die Luft abstellen könne. Dann sei es eben Schluss! Er habe den Herren Doktoren auch ganz klar gesagt, dass sie ihm in diesem Fall keinen Luftröhrenschnitt machen sollen. Er habe sein Leben abgeschlossen. «Ich habe mich damit abgefunden», sagt er.

Manchmal fühlt sich Herr K. gar nicht krank. Vom Spital aus geht er oft in den Ausgang. Mit Vorliebe besucht er Fussballspiele und lädt dazu manchmal junge Ärzte oder Krankenschwestern ein. Er kauft sich einen eleganten Anzug (Nadelstreifen), feine Hemden, Krawatten und Schuhe.

Für das Pflegepersonal organisiert er in seinem Lieblingsrestaurant ein grosses Essen, eine Art Abschiedsparty. Ich bin dazu auch eingeladen. Es geht hoch her. Hinterher zeigt er seinen Besuchern mit verstecktem Stolz die Fotos.

Ich habe ihm versprochen, ihn täglich zu besuchen. In der Regel schaue ich nur kurz herein und wechsle zwei, drei Sätze mit ihm. Er will keine tiefsinnigen Gespräche führen. Er gibt sich ja so «cool»! Von Schwestern erfahre ich aber, dass er die kurzen Besuche des Seelsorgers schätzt. Oft treffe ich ihn vor dem Fernseher an, und dann gucke ich mit ihm eine Zeitlang in die Röhre, ohne viel zu reden.

An einem Vormittag vernehme ich auf der Station, dass Herr K. letzte Nacht operiert worden sei. Also doch! Sobald er von der Operation zurück ist, besuche ich ihn. Er kann nicht mehr sprechen. Auf einen Notizblock schreibt er mühsam: «Letzte Nacht bekam ich plötzlich grosse Atemnot. Ich hatte furchtbare Angst, dass ich sterben müsse. Da sagte ich, sie sollten mich operieren.»

Die Augen von Herrn K. glänzen. Er scheint sich darüber zu freuen, dass er noch lebt. Vorsichtig spreche ich diesen Gedanken aus. Herr K. nickt zustimmend. Beim Abschied fasst er zum erstenmal mit beiden Händen meine Hand, drückt sie lange.

Ironie und Absurdität des Schicksals: In der gleichen Nacht, ein Stockwerk tiefer, verschluckt ein etwa gleichaltriger, gelähmter Patient einen Pfirsichstein und erstickt daran!

Nach ein paar Tagen erhält Herr K. eine Sprechkanüle, mit deren Hilfe er sich mühsam verständigen kann. Ich besuche ihn weiterhin jeden Tag und sitze eine Weile an seinem Bett. Die Euphorie der ersten Tage ist abgeklungen. Herr K. fühlt sich müde, hat keine Lust zum Essen, wird immer apathischer. Aber meine täglichen Besuche schätzt er.

Eines Tages bittet er mich – und es bereitet ihm grosse Mühe –, nach seinem Tod die Beerdigungsfeier zu halten. Ich verspreche ihm, es zu tun, sofern ich da sei. Nach einer Weile frage ich ihn vorsichtig, ob ich ein Lied für ihn singen dürfe. Er nickt, und dann singe ich das Lied von Matthias Claudius «Der Mond ist aufgegangen». Herr K. hört mir aufmerksam zu und dankt mit röchelnder Stimme.

Am folgenden Montag steht ein schöner Blumenstrauss auf seinem Tisch. Herr K. zeigt darauf und flüstert: «Von meiner geschiedenen Frau und den Töchtern. Sie haben mich gestern besucht.»

«Freuen Sie sich, dass sie zu Ihnen gekommen sind?» frage ich.

Herr K. nickt zustimmend, seine Augen strahlen.

Etwa acht Tage später stirbt Herr K. Er war immer schwächer geworden und immer apathischer, bis er zuletzt nur noch zu schlafen schien. Man liess ihn sterben. Jetzt wollte er es selber wohl auch. Aber wahrscheinlich hatte er den Kehlkopfschnitt machen lassen *müssen*, damit er seine geschiedene Frau und seine Töchter noch einmal sehen und mit ihnen Frieden schliessen konnte.

Meine Funktion war die eines Begleiters, vielleicht auch die eines «Zeugen». Herr K. konnte sich darauf verlassen, dass ich ihm jeden Tag einen kurzen Besuch abstattete. Das bedeutete eine Kontinuität inmitten des grossen personellen Wechsels auf einer Spitalabteilung. Ich habe ein- oder zweimal für Herrn K. ein Lied gesungen, das heisst gebetet, und ihm versprochen, die Abdankung zu halten. Das scheint ihm einen gewissen Halt und Trost vermittelt zu haben.

Frau H.: All Morgen ist ganz frisch und neu

Die 89jährige Frau H. liegt seit ein paar Tagen mit einer Lungenentzündung im Bett. Sie geht ihrem Ende entgegen. In der Regel schläft oder döst sie. Ihr Mann – er ist wohl etwa gleich alt wie sie – kommt jeden Tag und sitzt fünf, sechs Stunden lang an ihrem Bett, hält ihre Hand und plaudert mit ihr. Vermutlich nimmt sie trotz ihrer Schwäche noch manches auf. Ab und zu haucht sie ein Wort, einen Satz; aber es ist sehr schwer auszumachen, was sie mitteilen möchte.

Schwester S. hat mich auf Frau H. aufmerksam gemacht und mich gebeten, sie zu besuchen. Also gehe ich jeden Morgen gegen neun Uhr zu ihr. Sie reagiert auf meine Worte und meine Berührung meistens mit einem leisen Kopfnicken.

Gegen Abend gehe ich wieder hin. Dann treffe ich immer den Mann. Er sitzt neben ihrem Bett in einem Sessel, hält ihre Hand und erzählt ihr etwas.

Am dritten Abend liegt Frau H. in einem Einzelzimmer, ein Zeichen, dass man mit ihrem baldigen Ende rechnet. Links und rechts am Bett sitzen zwei Damen, Frau H.s Töchter. Der Mann sitzt etwas verloren in der Nähe des Fensters.

Ich stelle mich den Töchtern als Spitalpfarrer vor. Ihre Reaktion ist zurückhaltend, kühl. Darum verlasse ich den Raum nach wenigen Augenblicken wieder.

Am folgenden Morgen bin ich allein mit Frau H. im Zimmer. Sie liegt gewaschen und nach Massageöl duftend auf der Seite im Bett. In der Nase steckt ein Gummipfropfen mit einer Sauerstoffleitung. Draussen scheint blass die Novembersonne.

Ich trete zum Bett und lasse das Gitter herunter. Dann spreche ich sie an: «Frau H., ich bin der Pfarrer vom Spital. Ich wünsche Ihnen einen guten Morgen.»

Ich meine, eine ganz leise Reaktion, ein Kopfnikken zu verspüren. Ich fasse ihre rechte Hand, die auf der Bettdecke liegt. Sie fühlt sich frisch und kühl an. Mit meiner linken Hand streiche ich zart über ihre Stirne und ihre weissen Haare. Ich bin überzeugt, dass sie diese Berührung fühlt. Ich *hoffe*, dass sie ihr wohltut, jedenfalls spüre ich keine Abwehr durch ihren Körper.

Dann sage ich: «Frau H., draussen scheint die Sonne, drum singe ich Ihnen jetzt ein Lied vom Licht.» Ich räuspere mich und stimme das Lied an: «All Morgen ist ganz frisch und neu des Herren Gnad und grosse Treu...» Meine Stimme klingt zuerst etwas belegt und unsicher, es ist ja auch noch ziemlich früh am Tag. Aber sie gewinnt mit jeder Strophe an Stärke, und ich werde beim Singen immer sicherer und froher. Hoffentlich auch Frau H.! Äussern kann sie sich nicht.

Am Spätnachmittag sitzen wieder die zwei Töchter beim Bett der Mutter und im Hintergrund der Mann.

Ich spüre Spannung in der Luft. Die eine Tochter ist aus dem Ausland angereist. Wahrscheinlich wartet sie voller Ungeduld, dass die Mutter vorwärts macht mit dem Sterben, und sie zurückfahren kann.

Ich spreche ein wenig mit dem alten Vater. Er werde heute nacht bei der Mutter bleiben, obschon es ihm die Töchter verbieten wollten, sagt er mir. Doch, doch, er bleibe heute bei der Mutter! Vielleicht sei es die letzte Nacht. Da wünsche ich ihm eine «gute Nacht».

Am kommenden Morgen betrete ich schon um halb neun Uhr das Zimmer. Frau H. lebt noch. Gerade wird sie von Schwester S. gepflegt. Herr H. sei vor etwa einer Stunde nach Hause gegangen; er habe die ganze Nacht in einem Sessel am Bett seiner Frau zugebracht. Sie, Schwester S., sei von diesem alten Mann sehr beeindruckt.

Schwester S. ist eine erfahrene, frohmütige Pflegerin. Sie steht mit beiden Füssen auf dem Boden der Realität und behandelt mich mit freundlicher Kameradschaftlichkeit. Wir mögen uns gegenseitig.

Sie steht auf der andern Seite von Frau H.s Bett und zupft gerade die Falten der Bettdecke zurecht. «Ich bin gleich fertig und lasse dich mit Frau H. allein», flüstert sie. Offensichtlich ist sie der Ansicht, sie als Pflegerin störe, wenn der Pfarrer zu einer Sterbenden komme. «Bleib doch da, S.!» fordere ich sie auf, «es ist schöner, wenn du dabei bist.»

Ich entferne wieder das Bettgitter, fasse Frau H.s Hand auf der Decke und lege meine Linke auf ihre Stirne. So wie gestern. Wieder sage ich: «Guten Morgen, Frau H., ich will ein Lied für Sie singen!» Dann singe ich erneut den Choral:

«All Morgen ist ganz frisch und neu
des Herren Gnad und grosse Treu,
sie hat kein End den langen Tag,
drauf jeder sich verlassen mag.»

Wie ich mit Singen fertig bin, neige ich mich zu Frau H. nieder und gebe ihr einen leisen Kuss auf die Stirn: «Behüt' Sie Gott, Frau H.!» Ich hebe den Kopf und begegne den Augen von Schwester S. Sie stehen voller Tränen. Dann kommt sie auf mich zu und sagt: «Danke, Theophil, dass ich habe dabeisein dürfen.»

Da wird es mir warm ums Herz. Ich fühle, dass uns dieses gemeinsame Erlebnis verbindet. Ich fasse ihre beiden Hände und gebe ihr einen Kuss: «Ich danke dir, dass du geblieben bist!»

Im Laufe des Vormittags durfte Frau H. einschlafen. Ihr Mann und beide Töchter waren bei ihr.

Wenn Schwester S. und ich uns seither begegnen, nicken wir uns mit einem wissenden Lächeln zu: Wir haben zusammen etwas Besonderes erlebt!

Frau E.: Der Hauch einer unausgesprochenen Liebesgeschichte

Frau E. ist eine ausgesprochen anziehende Frau: Mitte vierzig; auch im Krankenbett gepflegt; offen zum Gespräch. Kurzum, ich gehe gerne zu ihr und fühle warme Sympathie für sie.

Sie leidet an einem unheilbaren Krebs, der ihren ganzen Bauch zerfrisst und ihr die widerwärtigsten und demütigendsten Qualen bereitet.

Frau E. lässt mir durch eine Krankenschwester ausrichten, sie wünsche den Besuch des Spitalpfarrers.

Ich glaube, wir mögen uns beide auf den ersten Blick. Jedenfalls ist es für mich selbstverständlich, dass ich sie bald wieder besuchen werde.

Es ist Sommer, und Frau E.s Zimmer steht voller Blumen. Jeden Nachmittag kommen Freundinnen zu Besuch. Sie haben einen richtigen Plan ausgearbeitet, denn sie erscheinen immer abwechslungsweise. Wenn ich ins Zimmer trete, sind sie stets bereit, dem Pfarrer den Platz zu überlassen. Ich habe nicht das Gefühl, es geschehe bloss aus Höflichkeit. Sie wollen vielmehr ihrer kranken Freundin ein Gespräch mit dem Seelsorger ermöglichen. Gewöhnlich lasse ich

Frau E. entscheiden. Manchmal bittet sie mich, später wieder zu kommen, weil ihr das Gespräch mit der Besucherin wichtig ist; oder sie entlässt ihre Freundin, weil sie mit mir reden möchte. Oft plaudern wir auch eine Weile zu dritt. Ich freue mich über diese Offenheit. Ihren Mann und ihren erwachsenen Sohn treffe ich nur selten, weil sie in der Regel in der Mittagszeit oder nach Feierabend zu Besuch kommen.

Im späten Sommer kehrt Frau E. nach Hause zurück, weiss aber, dass sie bald wieder ins Spital kommen muss. Anfangs Oktober ist sie wieder da, und kurz nach Weihnachten wird sie sterben.

Von jetzt an liegt Frau E. in einem Einzelzimmer. Ihre Pflege ist sehr aufwendig. Es fällt ihr bald auf, dass die Schwestern in rascher Folge wechseln. Kaum länger als zwei Tage bleiben sie ihr zugeteilt. Später vernehme ich, dass es die Oberschwester so eingerichtet habe, damit die Mitarbeiterinnen durch die schwierige Pflege nicht allzusehr belastet würden. Frau E. allerdings beklagt sich mir gegenüber, dass immer wieder andere Menschen um sie herum seien.

Trotz allem gibt es auch Kontinuität: Die Spitalgehilfin zum Beispiel, zu deren Aufgaben es gehört, die vielen Blumen im Zimmer zu besorgen; oder die Krankengymnastin, welche ihr jeden Tag hilft, Glieder und Muskeln zu bewegen. Beide werden ihr dank ihrer freundlichen Anteilnahme sehr vertraut. Nicht dass Frau E. von den Schwestern unfreundlich behandelt worden wäre! Aber trotz der aufrichtigen Zuwendung, die sie ihr entgegenbringen, leidet sie unter dem ständigen Wechsel.

Ist es da verwunderlich, wenn sie es schätzt, dass der Seelsorger sie täglich, meist gegen Abend, wenn der Nachmittagsbesuch gegangen ist, besucht? Ist es verwunderlich, dass sich nach und nach eine freundschaftliche Beziehung anbahnt? Formell haben wir uns nie auf das «du» geeinigt; es ist mir oder ihr einmal herausgerutscht und dabei auch geblieben.

Im Laufe der Zeit beginnt Frau E., von ihrer Kindheit zu erzählen, vom betont «christlichen» Elternhaus und von der Pflicht, regelmässig die Sonntagsschule und später den Gottesdienst der Erwachsenen zu besuchen. Sie erzählt mir von ihrer Auflehnung gegen die gesetzliche Frömmigkeit des Vaters; wie es zur Entfremdung zwischen ihnen und zu ihrer Distanzierung von aller kirchlich geprägten Frömmigkeit gekommen sei. Ob ich das verstehen könne?

Einmal sagt sie unvermittelt: «Du bist doch ein Pfarrer und solltest deshalb an Gott glauben, sonst wärst du nicht aufrichtig. Aber kannst du wirklich mit allen Lehrsätzen des Christentums etwas anfangen?» Ich fühle mich ein wenig überrumpelt und weiss nicht sofort, was ich antworten soll. Da fällt mir ein Bild dazu ein. «Weisst du», sage ich, «als Knabe habe ich oft Abenteuergeschichten von Goldgräbern in Alaska gelesen. Die haben an Bächen, wo sie Gold vermuteten, mit Hilfe von flachen Eisenpfannen Kies und Sand ausgewaschen. Wenn sie Glück hatten, fanden sie in Hunderten von Pfannen Sand ein Körnchen Gold. Ähnlich ist es mir mit dem Glauben ergangen. Als Kind und als junger Mann habe ich gemeint, alles für wahr und richtig halten zu müssen, was mir unter der Bezeichnung ‹christliche Religion› vorgesetzt wurde. Allmählich habe ich aber gemerkt, dass da sehr, sehr viel Sand ist, der weggespült werden muss. Erstaunlicherweise habe ich aber unter all dem Schutt ein Goldkörnchen gefunden, das mir bis heute nicht abhanden gekommen ist. Darüber bin ich sehr glücklich.»

Ihr Zustand scheint sich wochenlang kaum zu verändern. Aber sie weiss genau, dass sie keine dauernde Besserung erhoffen darf. Man sieht ihr die Krankheit gar nicht an, wenn sie, diskret geschminkt, ein Seidentüchlein um den Hals geschlungen, scheinbar entspannt und gelassen im Sessel oder im Bett sitzt.

Dennoch bereitet sie sich sehr bewusst, das heisst, solange sie dazu die Kraft hat, auf das Sterben vor. Sie tut das, was man früher «sein Haus bestellen» nannte. Im November erwirkt sie von den Ärzten die Erlaubnis, die Wochenenden zuhause verbringen zu dürfen, um alles zu ordnen, was zu ordnen sei. Am Montag erzählt sie mir dann erschöpft, aber befriedigt, wie sie Schriften, Briefe, Tagebücher sortiert, verschenkt oder weggeschmissen habe. Auch ihre Bücher und ihre Garderobe werden auf diese Weise gesichtet. Sie legt eine Liste von Menschen an, welche von ihrem Tod benachrichtigt und zur Beerdigung eingeladen werden sollen. Sie bespricht mit ihrem Mann Steuer- und Versicherungsfragen, weil sie seit dreissig Jahren alles Amtliche erledigt hat. Nach ihrem letzten Besuch zuhause schenkt sie mir ein wunderschönes, ledergebundenes Psalmenbuch aus dem Jahr 1717. Das sei bei mir am besten aufgehoben, meint sie.

Jetzt habe ich den Eindruck, ein letzter nach aussen gerichteter Energieschub sei verflogen, nun könne sie sich ganz auf das Sterben einlassen.

Aber ihr Lebenswille bäumt sich noch einmal auf. An einem Vormittag erzähle ich ihr, dass ich am Abend in einem Vorort von Basel jiddische Lieder vortragen werde. (Unter dem Künstlernamen *Ben-Jizchak Feinstein* veranstalte ich Konzert-Vorträge mit Liedern in jiddischer Sprache.) Scherzhaft frage ich: «Hast du nicht Lust, hinzugehen?» Frau E. ist von diesem Gedanken wie elektrisiert. Sie ruft sofort ihre beste Freundin an und bittet sie, sie mit dem Auto hinzufahren. Dann organisiert sie mit der Stationsschwester diesen «Urlaub», und am Abend sitzt sie glücklich in der ersten Reihe des Saales.

Von diesem Tag an verlässt Frau E. das Bett nicht mehr bis zu ihrem Tod, kurz nach Weihnachten. Sie schläft oder döst sehr viel. Aber zwischendurch hat sie wache Momente. Oft sitze ich schweigend an ihrem Bett und halte ihre Hand. Vorsichtig habe ich diese körperliche Berührung gesucht, und sie hat sie zugelassen. Es ist mir klar, dass von meiner Seite nicht ausschliesslich «seelsorgerliche Anteilnahme», sondern auch zärtlich-erotische Gefühle im Spiel sind. Der Hauch einer unausgesprochenen «Liebesgeschichte» liegt über unserer Beziehung!

Oft singe ich ihr Lieder vor, wie sie mir gerade einfallen: Choräle, die sie seit ihrer Kindheit auswendig kann, oder jiddische Lieder, die sie bei meinem Vortrag kennengelernt hat.

Ähnlich wie zwei Jahre vorher Frau C. bittet auch sie mich, nach ihrem Tod die Beerdigungsfeier zu halten. Der Gedanke, irgendein fremder Pfarrer würde irgend etwas erzählen, sei ihr unerträglich, begründet sie ihre Bitte. Ich wehre zuerst ab, eben weil wir uns so nahe gekommen sind. Später sage ich doch zu. Auch mir ist die Vorstellung unerträglich, dass ein fremder Kollege Frau E.s Beerdigung wie irgendeine Amtshandlung abwickeln würde.

Sie bestellt ihren Mann zu einer Besprechung an ihr Bett. Zu dritt regeln wir die äussere Gestaltung der Feier. Sie wünscht sich Flötenmusik, weil sie als Kind gerne Querflöte spielen gelernt hätte. Und ich solle ja schlicht reden und keine grossen Worte machen, verlangt sie. Ich spüre, dass dem Mann dieses Gespräch unheimlich vorkommt. Schickt es sich, so offen über die bevorstehende Beerdigung zu sprechen? Er möchte nach der Feier in der Kapelle kein Leichenmahl, aber sie entgegnet resolut: «Ich finde es viel schöner, wenn wir mit den Verwandten und Freunden hinterher noch zusammensitzen können!» *«Wir?»* bemerke ich fragend. Darauf antwortet sie etwas verlegen: «Ach ja, ich bin dann nicht mehr dabei – aber vielleicht bin ich auf andere Weise trotzdem dabei!»

Ein paar Tage später, knapp vor Weihnachten, sind wir einander wieder sehr nahe. Fast träumerisch sagt sie unvermittelt, mit schwacher Stimme, aber klarem Geist: «Es gibt doch Menschen, die waren schon einmal ‹drüben› und können berichten, wie es dort ist. Kannst du es dir vorstellen?»

«Nein, ich habe keine Ahnung», antworte ich, «aber du wirst es bestimmt bald erfahren, sicher vor mir.»

«Ich glaube es auch», lächelt Frau E.

Das ist das letzte Gespräch, an das ich mich erinnere. Ich besuche Frau E. täglich mehrmals, aber sie reagiert nicht mehr spürbar. Ihr Mann und ihre Freundinnen organisieren eine lückenlose Wache.

Manchmal singe ich in ihr Sterben hinein Lieder. Ich bin überzeugt, dass sie die Kraft haben, ihr verlöschendes Bewusstsein anzurühren. In der Nacht vom 26. auf den 27. Dezember ist sie hinübergegangen.

Die Beerdigungsfeier und das nachfolgende Leichenmahl waren wie ihre letzte Lebens- und Sterbezeit: Bei aller Trauer über den Abschied von heiterer Zuversicht durchwoben.

Herr L.: Sie haben nie mit mir gebetet, Herr Pfarrer

Herr L. ist ein sanfter, gebildeter Herr, Teilhaber an einem Familienunternehmen. Im Spital bewohnt er ein Erstklass-Zimmer. Man sieht ihn häufig in den Gängen oder im Garten spazieren. Meistens ist er allein. Ab und zu besucht ihn sein Freund und Lebenspartner, ein Künstler, der in Südfrankreich lebt. Vor einem Jahr hat Herr L. seine leitende Stellung im Familienunternehmen aufgegeben und ist zu seinem Freund nach Südfrankreich gezogen. Zur Spitalbehandlung kommt er allerdings regelmässig nach Basel. Mit seinen Familienangehörigen hat er keinen Kontakt mehr.

Herr L. leidet an Aids. Er gehört zur Risikogruppe der Schwulen. Er ist einer der ersten Aidspatienten in diesem Spital. Bis jetzt ist er wegen «unklarer Infektionskrankheiten» behandelt worden. Aber jetzt hat man die Erklärung für das bisher Unerklärliche gefunden: die Immunschwäche Aids.

Ich versuche, Herrn L. unbefangen zu begegnen. Aber es will mir nicht ganz gelingen. Von der Krankheit Aids weiss ich bis jetzt nur sehr wenig, nämlich dass sie mit grösster Wahrscheinlichkeit zum Tod führe, dass sie durch sexuelle Kontakte übertragen werde, und dass sie unter Homosexuellen am häufigsten verbreitet sei (so sagt man jedenfalls). Ich muss mir eingestehen, dass ich einen Anflug von Neugierde nicht leugnen kann. Zum erstenmal sitze ich einem Menschen gegenüber, der die sensationsumwitterte Krankheit Aids hat. Aber unsere Gespräche verlaufen ganz und gar unsensationell. Mit Vorliebe erzählt mir Herr L. von seiner Leidenschaft für klassische Musik. Wenn immer möglich, besucht er vom Spital aus Konzerte und Opernaufführungen. Manchmal entstehen Gesprächslücken. Ich weiss gar nicht, ob Herr L. über seine Krankheit sprechen will. Er zeigt weder Angst noch Verzweiflung. Er weiss, dass ich die Diagnose und Prognose kenne. Aber wir beide meiden das Wort Aids.

Manchmal fährt er für eine oder zwei Wochen zu seinem Freund nach Frankreich. Er fürchtet aber die lange, anstrengende Reise. Einmal muss er, kaum angelangt, auf schnellstem Weg wieder nach Basel zurückkehren, weil er hohes Fieber bekommen hat.

Herr L. hofft, dass die medizinische Forschung bald ein wirksames Mittel gegen Aids entwickeln werde. Er weiss aber auch, dass es für ihn in jedem Fall zu spät sein wird. Ohne zu zögern, stellt er sich für die Erprobung einer neuen Substanz zur Verfügung. Ihm bringt diese komplizierte Behandlung keine Linderung, im Gegenteil.

Herr L.s Zustand wird rapid schlechter. Sein Freund eilt nach Basel und weicht kaum von seinem Bett. Jetzt erscheinen auch die Familienangehörigen. Ich spüre eine starke Spannung zwischen ihnen und dem Freund. Dieser erzählt mir, dass die Familie, deren erfolgreiches Unternehmen in einem kleinen Dorf angesiedelt ist, alles daran setzt, um die Tatsache zu vertuschen, dass Herr L., der ehemalige kaufmännische Leiter, an Aids leidet. Er, der Freund, sei vor Ausbruch der Krankheit gerade noch toleriert worden; aber jetzt sei er der erklärte Sündenbock, persona non grata. Aus diesem Grund sei Herr L. vor Jahresfrist aus der Firma ausgetreten und zu ihm nach Südfrankreich gezogen. Aber die Familie zittere schon jetzt vor dem Skandal, den seine Beerdigung in der Dorfkirche auslösen könnte. Diese verlogene Haltung der Verwandtschaft sei zum Heulen und zum Kotzen! Statt dass alle versuchen würden, Herrn L. das Sterben so gut es geht zu erleichtern, würden sie solche gemeine Spiele spielen!

Eines Tages wird Herr L. auf die Intensivstation verlegt, weil er kaum mehr atmen kann. Ich sitze an seinem Bett, wir sind ausnahmsweise allein. Herr L. hat eine Sauerstoffmaske vor Mund und Nase. Ich berühre zum erstenmal seine Hand und weiss nicht, was ich sagen soll. Es ist nicht der richtige Zeitpunkt, um über Opern zu reden. Da hilft mir Herr L. aus meiner Verlegenheit. Hinter seiner Maske flüstert er mit schwacher Stimme und unter grosser Anstrengung: «Herr Pfarrer, Sie haben gar nie mit mir gebetet.» Ich bin beschämt. Nie wäre ich auf den Gedanken gekommen, Herrn L. zu fragen, ob wir zusammen beten sollen. Ich hatte doch immer das Gefühl gehabt, Herr L. weiche tieferen Gesprächen aus.

«Möchten Sie, dass wir jetzt beten?» frage ich. Herr L. nickt. «So werde ich für Sie ein Lied singen, als Gebet», sage ich.

Es ist Adventszeit, darum stimme ich das Lied an: «Macht hoch die Tür, die Tore weit, es kommt der Herr der Herrlichkeit...»

Hinter der grünen Plastikmaske bewegen sich seine Lippen. Er versucht mitzusingen. Trotz seiner Todesschwäche singt, betet er das Lied mit.

Am Nachmittag desselben Tages stirbt Herr L.

André: Von einem Raum in einen andern gehen

Seinen Namen darf ich nennen. Denn er, der bekannte Fernsehjournalist, hatte sich selber vor laufender Kamera zu seiner Krankheit bekannt, die er öffentlich machen wollte. Man solle offen und ohne moralische Verurteilung über Aids sprechen. Er, der Medienmensch, hasste die Verlogenheit der Massenmedien, welche die Verknüpfung von Aids mit Sex, vor allem mit sogenannt «abartigem Sexualverhalten» herausstrichen oder aber nur leise, aber penetrant andeuteten. Er wusste, dass Aids eine fürchterliche Krankheit ist, gegen die es (noch) kein Heilmittel gibt. Er wollte aber mithelfen, Aids aus dem schummerigen oder grellen Licht des Sensationellen und der moralischen Verurteilung herauszureissen. Er wusste, dass Aids Ausdruck unseres gestörten Lebens ist. André wollte nicht bewundert, aber auch nicht verurteilt oder bemitleidet werden. Er wollte zeigen, dass man auch mit Aids dem Leben Sinn und Würde verleihen und ihm trotz Aids heitere und fröhliche Seiten abgewinnen könne.

Aus diesen Gründen bekannte er in einer Fernsehsendung: «Ich heisse A., bin 50jährig, homosexuell und habe Aids.»

Dieses Bekenntnis wirkte in der schweizerischen Öffentlichkeit als Sensation. Da wagte ein im ganzen Land bekannter Mann, die Krankheit Aids aus dem Zwielicht des «Sensationellen» zu reissen und ins Licht der Wahrheit zu stellen. Die Wahrheit heisst: Wir *müssen* mit Aids leben und dürfen die Krankheit nicht länger verleugnen. Aber wir können mit Aids auch *leben*! Nur so wird es uns (vielleicht) einmal gelingen, diese «Heimsuchung» zu überwinden.

Mit andern Worten: Andrés Bekenntnis zu seiner Krankheit entsprang der Hoffnung, dass das Leben stärker sei als der Tod. Es war das Bekenntnis des Glaubens, dass auch hinter dem absoluten Widersinn einer Krankheit wie Aids ein Sinn verborgen sein müsse. Durch Aids ist André zu einem glaubenden Menschen geworden.

Ich kannte André dem Namen nach und von Fernsehsendungen her. Über sein Bekenntnis am Bildschirm hatte ich in der Zeitung gelesen. Eine gemeinsame Bekannte forderte mich auf, ihn im Spital zu besuchen.

Er liegt auf einer Abteilung, auf der ich nicht regelmässig verkehre. An seiner Zimmertür hängt ein Schild: «Bitte bei der Schwester melden!» Üblicherweise halten mich solche Hinweise nicht davon ab, direkt Kontakt zu suchen. Heute wende ich mich aber an die diensthabende Schwester und bitte sie, mich bei André anzumelden. Bereitwillig geht sie ins Zimmer. Ich höre sie sagen: «Herr A., der Spitalpfarrer möchte mit Ihnen reden.» Gleich darauf die unwirsche Antwort: «Der Spitalpfarrer braucht gar nicht zu kommen!» Die Schwester zuckt bedauernd die Achseln: «Tut mir leid, Herr Pfarrer.»

Etwas beschämt und verärgert über die Abfuhr gehe ich weiter. Am gleichen Tag sehe ich André am Arm einer mir bekannten Schwester im Flur spazieren. Ich grüsse sie im Vorbeigehen. Hinter mir höre ich André fragen, wer ich sei. Aber schon bin ich im Lift verschwunden. Tags darauf sitzt André in Begleitung einer Besucherin an der Herbstsonne im Park des Spitals. Bewusst wähle ich meinen Weg an ihrem Sitzplatz vorbei und grüsse. André fixiert mich und fragt mich direkt: «Wer sind Sie?» «Der Spitalpfarrer», antworte ich. Da streckt er mir die Hand hin und sagt: «Sie sind es also, den ich gestern weggeschickt habe! Besuchen Sie mich bitte bald!»

So beginnt unsere Freundschaft.

Anfangs gehe ich etwa zweimal in der Woche zu André. In der Regel begrüsst er mich mit lärmiger Herzlichkeit: «Ah, monsieur le pasteur!» Dann beginnt er zu reden, oft sprunghaft von einem Thema zum andern wechselnd, meistens witzig mit boshaften Seitenhieben dahin und dorthin. An andern Tagen ist er aber still, deprimiert, weil elementare Körperfunktionen den Dienst versagen und er immer mehr auf Hilfe angewiesen ist. Oft schämt er sich, weil er demütigende Handreichungen annehmen muss. Manchmal ekelt er sich vor sich selber: «Merde, merde, c'est dégueulasse!» und ist ganz verzweifelt.

Das Virus befällt unter anderem auch seine Augen, er wird nahezu blind. Trotzdem will André weg vom Spital. Er findet in einem Pflegeheim ein Zimmer und übersiedelt trotz der Bedenken der Ärzte dorthin. Aber knapp eine Woche später ist er wieder in seinem alten Spitalzimmer. Er benötigt intensivere Hilfe, als das Heim sie ihm bieten kann.

Eine renommierte Zeitschrift macht ein Interview mit André. Er bittet mich – weil er ja nicht mehr lesen kann –, den Artikel vorzulesen. Ich spüre seine Spannung, seinen Stolz, auch ein Stück Eitelkeit. Der alte Medienfuchs schimmert plötzlich durch. In seinem Interview nimmt André kein Blatt vor den Mund und führt eine heftige Attacke gegen die Verlogenheit der Schweiz und der Schweizer.

Er nennt Aids eine «Heimsuchung» und meint damit: Es passiert etwas, womit wir nicht gerechnet haben und dem wir nicht gewachsen sind. Aber wenn wir das *Leben* nicht respektieren, wie sollen wir den *Tod* aushalten können, und Aids hat mit Sterben und Tod zu tun. Er vergleicht Aids mit Krieg; bloss sei das Töten im Krieg nichts Unmoralisches; dagegen würden Aidskranke moralisch verurteilt. Dann erzählt André ohne Scheu, dass er durch seine Krankheit die Beziehung zu Gott gefunden habe (nicht etwa zur Kirche, nein, die finde er nach wie vor zum Kotzen!) und wie er plötzlich in intensiver Zwiesprache mit Gott stehe, als sei dieser sein intimer Freund. «Und sterben», meint André abschliessend, «das stelle ich mir so vor, wie wenn ich von einem Raum in einen andern Raum gehe.»

Er freut sich über das gut wiedergegebene Gespräch.

André bekommt viel Besuch. Manche Leute reisen von weither. Wenn es ihm nicht drum ist, gibt er sich nicht die geringste Mühe, die Besucher zu unterhalten. Mit der Zeit schält sich ein engerer Kreis von Freunden heraus, die manchmal stundenlang stumm um sein Bett sitzen, wenn er vor sich hindöst. Oft spüre ich, welch intensive Kraft von diesem Kreis von Männern und Frauen ausgeht, die um André versammelt sind. Er hat die Gabe, Freundschaft zu stiften.

Andrés 51. Geburtstag: Er hat sich in den Kopf gesetzt, für seine Freunde ein festliches Essen auszurichten. Man trifft sich in einem gediegenen Lokal in der Nähe des Spitals. André ist sehr schwach, aber ganz aufgeregt vor freudiger Spannung. Zwei seiner Lieblingspflegerinnen sitzen an seiner Seite und helfen ihm auf diskrete Weise beim Essen. Die Stimmung ist gelöst. Zeitweilig vergisst man, dass nicht allein Andrés Geburtstag, sondern bereits sein Abschiedstag gefeiert wird. André geniesst es, noch einmal «Hof halten» zu können. Aber nach anderthalb Stunden verlassen ihn schlagartig die Kräfte. Die Krankheit hat ihn eingeholt. Abrupter Abbruch des Festes und Aufbruch der Gäste.

Von diesem Tag an verlässt André das Bett nicht mehr. Gelassen erwartet er sein Ende. Angst scheint er nicht zu verspüren. Ich besuche ihn jeden Vormittag. Eine halbe Stunde lang, oft länger, sitze ich an seinem Bett. Er will nicht allein sein. Das blosse Wissen, dass jemand im Raum ist, genügt ihm.

Aber er verlangt regelmässig, dass ich ein Lied singe. Manchmal scheint er zu schlafen; aber wenn ich mich leise entfernen will, höre ich plötzlich: «Du hast noch nicht gesungen.»

Manchmal reden wir noch miteinander. Sein früher so bissiger Humor ist einer weichen Heiterkeit gewichen. Er braucht viel Zärtlichkeit und Berührung, wie ein Kind. Ich streichle seine Hand, fahre über seinen kahlen Kopf und küsse ihn zur Begrüssung und zum Abschied auf die Stirn. Diese Gesten werden selbstverständlich. Einmal fragt er mich: «Kennst du das Lied ‹Weisst du, wieviel Sternlein stehen an dem blauen Himmelszelt?› Ich habe es als

Kind in der Sonntagsschule gesungen. Ich möchte es gerne hören.» Ich singe ihm das Liedchen vor, und er singt mit brüchiger Stimme mit.

Gemeinsam mit seiner Schwester, die aus New York hergereist ist, und mit zwei Freundinnen planen wir seine Bestattung. Er will nur ein halbes Dutzend seiner nächsten Menschen am Grab wissen. Ich, Joel, wie er mich eines Tages umbenannt hat, soll ein jüdisches Gebet sprechen. Ein anderer Freund soll aus dem römischen Messbuch ein lateinisches Gebet lesen, ein dritter ein Gedicht von Paul Eluard rezitieren und ein vierter eine Sufi-Melodie singen. Und ja keine Blumen ins Grab und aufs Grab!

Anderntags soll in der St. Alban-Kirche eine grosse Abschiedsfeier stattfinden. Alle sollen kommen dürfen, die Lust dazu haben. Aber kein Pfarrer! Auf meine verwunderte Frage: «Und ich?» antwortet André: «Du sollst ein Lied singen, aber nicht eine Predigt halten. Also kommst du nicht als Pfarrer.» Und hinterher im «Goldenen Sternen» soll ein schöner Apéro für alle serviert werden. Dafür reiche sein Geld gerade noch...

André lässt sich zum Sterben erstaunlich viel Zeit. Irgendwann, scheint es, hat er sich von der Welt abgemeldet und befindet sich weit weg von der Realität. Sein Spitalzimmer wird Versammlungsort seiner Freunde, die stündlich auf seinen Tod warten. Eine

Freundin bringt Luftmatratze und Schlafsack mit und verbringt mehrere Nächte an seiner Seite. Die Stimmung im Zimmer ist leise, oft ernst, oft heiter, nie bedrückt. Manchmal wird ein Glas Wein getrunken. Ab und zu singe ich oder jemand anderer ein Lied.

Andrés Atem geht sehr langsam, mühsam, setzt oft lange Zeit aus. Dann halten alle im Zimmer auch ihren Atem an. Plötzlich ein tiefer Schnaufer von André, und wir im Zimmer holen auch wieder Luft. Aber wenige Nächte vor der Sandoz-Katastrophe in Schweizerhalle, ich hatte mich von André eben verabschiedet und befand mich auf dem Heimweg, macht André seinen letzten Atemzug.

Walter: Es ist ein Ros entsprungen

Walter heisst der hochaufgeschossene, magere junge Mann, dem ich seit einigen Tagen im Flur begegne, wenn er spaziert. Eine Krankenschwester fordert mich auf, Kontakt zu ihm zu suchen. Ich dürfe mich aber nicht wundern, wenn er mich sackgrob behandle. Er sei ein mit allen Wassern gewaschener Bursche und nehme kein Blatt vor den Mund, wenn ihm etwas nicht passe.

Am folgenden Tag sehe ich Walter im Fernsehzimmer sitzen. Ich trete in den rauchgeschwängerten Raum und nähere mich ihm. Er schaut mich neugierig-misstrauisch an.

«Hallo», rede ich ihn an, «wie geht es dir?»

«Beschissen», lautet die Antwort, «aber wer bist du?»

«Der Spitalpfarrer – magst du, wenn ich mich eine Weile zu dir hinsetze?» Walter zögert, schaut mich misstrauisch an; aber dann macht er mit der Hand eine wegwerfende Bewegung zu einem Sessel: «Bitte!»

«Du bist also Pfarrer», beginnt er das Gespräch, «sag mal, was macht man denn als Pfarrer in einem Spital?»

«Du siehst es ja selber», erwidere ich, «ich spreche Leute an, frage sie, wie es ihnen gehe, und manchmal kommen wir miteinander ins Gespräch – so wie wir jetzt.»

«Aber was wäre passiert, wenn ich mit dir nicht hätte reden wollen?» bohrt Walter weiter, «du kannst mich doch nicht zwingen, dass ich mit einem Pfarrer rede, wenn ich keine Lust habe.»

«Ist doch klar, dass ich dich nicht hätte zwingen können. Dann wäre ich halt weitergegangen und hätte gedacht: selber schuld, dass er mich wegschickt. Aber willst du mir nicht endlich sagen, weshalb es dir so beschissen geht?»

«Schau mich nur richtig an, dann siehst du, dass ich Aids habe. Beim Fixen habe ich diese verdammte Scheisskrankheit aufgelesen, wir haben halt Spritzen getauscht. Ich hatte eine Lungenentzündung, hohes Fieber. Heute geht es eine Spur besser. Aber ich hocke in diesem Scheissspital und warte, bis ich raus kann. Hast du mir keine Wohnung? Ich muss weg von hier, ich halte es nicht aus; hier werde ich nicht gesund, sondern nur noch kränker!»

Während Walter so vor sich hin spricht und keine Antwort auf seine Fragen zu erwarten scheint, raucht er hastig seine Zigarette und zündet sich gleich die nächste an. Achtlos lässt er Asche und Glut auf seinen verfleckten Trainingsanzug fallen, der mehrere Brandlöcher aufweist. Auch der Fussboden zeigt braune Flecken. Plötzlich, mitten im Satz, lässt Walter seinen Oberkörper zusammensacken und sein Kopf fällt vornüber. Er scheint im Sitzen eingeschlafen zu sein, die glimmende Zigarette zwischen den gebräunten Fingern. Ich fasse ihn an den Schultern und schüttle ihn ein wenig. Walter hebt seinen Kopf und schaut mich mit stierem Blick an, als käme er aus einem tiefen Traum zurück: «Was ist los?» «Komm in dein Zimmer zurück», fordere ich ihn auf, «du schläfst ja beim Sitzen ein mit der brennenden Zigarette in der Hand.» Walter drückt den Stummel mit der langen grauen Asche mit zitternder Hand aus, steht mühsam auf und schlurft durch den Gang zu seinem Zimmer. Ab und zu taumelt er an die Wand.

Sein Schlafplatz im Zweierzimmer sieht chaotisch aus. Pullover, Bademäntel mit eingebrannten Löchern, Zigarettenpackungen, Gläser, Zeitschriften und ein paar Bücher liegen über Bett, Nacht- und Krankentischchen verstreut. Walter fegt alles vom Bett und kriecht unter die Decke. Er fröstelt und hüllt sich eng ein.

«Ich will mein Metadon», murmelt er, «aber diese Scheissschwestern bringen es mir erst in zwei Stunden, Scheissladen!» Ich bleibe noch eine Weile an seinem Bett stehen. Dann frage ich ihn: «Soll ich wieder kommen, vielleicht geht es dir am Vormittag besser?» Walter öffnet seine Augen und schaut mich an.

Zum erstenmal sehe ich ein wenig Wärme in seinem Blick: «Ja, komme bitte wieder, Pfarrer!»

Von da an besuche ich Walter fast jeden Tag. Nach und nach nimmt er sein Misstrauen und seine Aggressivität etwas zurück und lässt mich zuweilen von der Wärme fühlen, die ich beim ersten Abschied ein kleinwenig geahnt hatte. Mit der Zeit erzählt er mir seine Lebensgeschichte.

Walter wuchs in einem wohlhabenden Haus als Einzelkind auf. Während seiner Schulzeit überwarf er sich mit seinen Eltern, die von ihm verlangten, er solle das Abitur machen und studieren. Er verliess die Schule und das Elternhaus und fing eine Lehre an. Dann begann seine Drogenlaufbahn. Zuerst nur Hasch und dann eben Heroin. Irgendwann heiratete er, aber die Ehe wurde kurze Zeit darauf geschieden. Dann flog Walter aus der Lehre. Er leistete Gelegenheitsarbeiten, bis er auch diese aufgab und schliesslich «auf der Gasse» landete. Wie er zu seinem Lebensunterhalt und zu seinem Stoff kam, darüber machte Walter nur vage Andeutungen.

Wenn ich mir sein 27jähriges Gesicht anschaue – eigentlich ein sehr weiches, jungenhaftes Gesicht –, so kann ich darin die Spuren eines harten Lebenskampfes eingegraben sehen. Ich bekomme eine Ahnung von dem unerbittlichen Überlebenskrieg, der «auf der Gasse» herrschen muss, und von dessen

Regeln ich kaum etwas weiss, weil ich mein Leben in einer völlig andern Welt führe.

Bis vor kurzem konnte Walter bei einem «Kollegen» in einer Ecke von dessen Zimmer hausen. Als aber seine Krankheit mit hohem Fieber und Lungenentzündung ausbrach, musste er seine Zimmerecke aufgeben, weil ihn der «Kollege» nicht mehr pflegen konnte. Deshalb bettelt Walter jeden im Spital um eine Wohnung an: Schwestern, Patienten, Patientinnen und auch mich. Dank einer Mischung von jungenhaftem Charme, Arroganz und Erbärmlichkeit bringt es Walter fertig, bei allen, die er anspricht, Schuldgefühle zu wecken. Ich muss an meine geräumige Wohnung denken, und dass ich, streng genommen, natürlich Platz genug für einen Mitbewohner hätte. Ob es nicht meine Pflicht sei, Walter eine Chance zu geben, muss ich mich fragen. Aber dann meldet sich meine Vernunft, die mir sagt, ich könnte unmöglich mit Walter in einer Wohnung leben.

Eines Tages spricht mich eine ältere, gepflegt wirkende Patientin an. Der arme Walter tue ihr so leid; sie selber lebe seit dem Tod ihres Mannes allein in drei Zimmern und sei viel unterwegs. Ob es nicht ihre Christenpflicht sei, Walter ein Zimmer anzubieten? Er habe ihr versprochen, dass er absolut ordentlich leben werde; er werde auch bestimmt nicht fixen und ihr pünktlich die Miete bezahlen. Ich rate der Frau – zwar mit schlechtem Gewissen Walter gegenüber –

dringend von diesem Abenteuer ab, weil ich ahne, dass sie Walter nie gewachsen wäre.

An den Tagen, an denen sich Walter relativ gut fühlt und kein Fieber hat, breitet er seine «Werkstatt» aus. Sie besteht aus einer kleinen Holzkiste, in der eine Drahtzange, eine Pinzette, ein paar Rollen Silberdraht und viele bunte Perlen und Steine verstaut sind. Ich setze mich dann zu Walter und schaue zu, wie er mit grossem Geschick Perlen auf Draht zieht und so einfache Halsketten und Ohrringe herstellt. Die fertigen Schmuckstücke heftet er mit Stecknadeln an die Wand. Mit zufriedenem Lächeln erzählt er mir, er habe bereits drei Halsketten und zwei Paar Ohrringe an Schwestern verkauft.

Als ich einmal bei ihm sitze und ihm bei der Arbeit zusehe, kommandiert er unvermittelt: «Schau mir genau in die Augen!» Verwundert schaue ich ihm ins Gesicht. Er fixiert mich eine Weile, kramt dann lange in seiner Arbeitskiste, zieht diesen und jenen bunten Stein hervor, hält sie gegen das Licht, kneift prüfend ein Auge zu und wägt schliesslich einen etwa haselnussgrossen, mattglänzenden blauen Stein in der Hand. Den reicht er mir und sagt: «Dieser Opal passt zu dir, ich schenke ihn dir!»

Einige Tage später fragt mich Walter: «Du hast doch Kinder, tragen sie auch Ohrringe?» «Klar tun sie das», antworte ich. «Also gebe ich dir etwas für sie mit.» Er legt mir zwei hübsche kurze Perlenschnüre in die Hand und schaut mich erwartungsvoll an. Ich lobe seinen Geschmack und danke ihm herzlich; aber er schaut mich weiter fragend an. Da verstehe ich, klaube zehn Franken aus dem Portemonnaie, die er strahlend einsteckt.

Einmal besuche ich Walter mit meiner Freundin, die ihn unbedingt kennenlernen möchte. Er liegt aber in tiefem Schlaf und erwacht auch nicht, als ich ihn sanft an der Schulter rüttle. Da schreibt meine Freundin auf eine selbstgemalte Karte ein paar Worte und legt sie auf sein Kopfkissen.

Wie ich nach zwei Tagen Walter wieder besuche, schenkt er mir eine Halskette: «Für deine Freundin, die mir einen so lieben Gruss geschickt hat!»

Ich habe selten einen Patienten oder besser: einen Menschen erlebt, der – wenn es ihm drum ist! – einen so warmherzig anschauen und anlächeln kann. Ich habe andererseits auch noch selten einen Menschen erlebt, der – wenn ihm etwas wider den Strich geht – so masslos wütend und ausfällig werden kann. Manchmal beschimpft Walter seinen Zimmergenossen, einen sehr alten und geistig stark abgebauten Mann, auf die unflätigste Weise, wenn sich dieser in seiner Senilität absichtslos an Walters Tischchen zu schaffen macht.

Walters Zustand verschlechtert sich. Heftige Fieberschübe nagen an seinen spärlichen Kräften. Aber immer wieder spricht er von einer eigenen Wohnung. Dann setzt sich die Idee in ihm fest, dass er in einer therapeutischen Wohngemeinschaft unterkommen möchte. Er bedrängt mich, ich solle zu verschiedenen Leuten Verbindung aufnehmen.

Er hat wenig Besuch. Regelmässig kommt aber ein junger Mann zu ihm, auch er von Drogen gezeichnet, vielleicht auch er von Aids angesteckt. Oft sehe ich die beiden im Raucherzimmer sitzen und offen unter den Augen des Personals und der Patienten süchtig und hingebungsvoll «eine rauchen».

«Besuchen dich deine Eltern nie?» frage ich Walter eines Tages im Dezember. «Nein, die wollen doch nichts von mir wissen, das habe ich dir ja schon erzählt», antwortet Walter mit Trauer, Trotz und Resignation in der Stimme. «Allerdings habe mein Vater mit dem Stationsarzt telefoniert, hat mir dieser erzählt, weil er gehört habe, ich sei im Spital. Aber mit mir wollen die Alten nichts mehr zu tun haben.» «Warte ab, da bin ich nicht sicher», antworte ich.

Walter wird mit jedem Tag hinfälliger. Wenn er aufsteht, wanken seine Beine, er muss gestützt werden. Oft sehe ich ihn schlafend im Raucherzimmer in einem Sessel, die glimmende Zigarette mit langer Asche zwischen den Fingern.

Es geht auf Weihnachten zu, und sein Zustand wird kritisch. Das Fieber verlässt ihn nicht mehr. Er schläft oder döst fast die ganze Zeit vor sich hin.

Wenn ich die Ärzte nach Walters Aussichten frage, zucken sie die Schultern. Es könne Tage, aber auch noch Wochen dauern.

Am 23. Dezember wird im Spital mit Patienten und Personal Weihnachten gefeiert. Unmittelbar nach der Feier gehe ich in Walters Zimmer. Ich bin erstaunt, dass links und rechts von seinem Bett eine Frau und ein Mann sitzen, offensichtlich Walters Eltern. Er liegt in tiefem Schlaf.

«Ich bin Spitalpfarrer und habe Walter seit vielen Wochen besucht», stelle ich mich ihnen vor. Die Haltung von Walters Eltern drückt Verlegenheit aus, Schuldgefühl, dass sie erst jetzt zu ihrem Sohn kommen, und Ratlosigkeit, wie sie sich in dieser Situation verhalten sollen. Ich komme ihnen zu Hilfe, indem ich erkläre: «Wir haben eben Weihnachten gefeiert, und jetzt möchte ich auch ein Lied für Walter singen. Ist es Ihnen recht?» «Ja bitte, Herr Pfarrer», erklären sie beflissen und machen mir Platz.

Ich setze mich zu Walter aufs Bett, fasse mit meiner linken Hand nach seiner Hand und lege ihm meine rechte auf die Stirn. «Höre, Walter», sage ich ganz laut, «heute ist Weihnachten, ich singe jetzt ein Weihnachtslied für dich.» Dann stimme ich an: «Es ist ein Ros entsprungen aus einer Wurzel zart». Ich weiss nicht, weshalb mir ausgerechnet dieses Lied zugefallen ist. Die erste Strophe singe ich allein, aber bei der zweiten höre ich die Mutter mit zitternder Stimme mitsingen.

Nachdem das Lied verklungen ist, sitze ich noch eine Weile still auf Walters Bett. Hinter mir weint seine Mutter. Leise erhebe ich mich, küsse Walter auf die Stirn und sage: «Leb wohl, lieber Walter, bhüet di Gott!» Dann reiche ich der Mutter und dem Vater die Hand und verlasse das Zimmer.

Ich habe Walter nicht mehr gesehen. Denn als ich vier Tage später von meinem Weihnachtsurlaub ins Spital zurückkehre, höre ich, dass Walter am Weihnachtstag verstorben sei. Seine Eltern seien bei ihm gewesen.

Frau K.: Das Abschiedsfest im Altersheim

Ich kehre von den Sommerferien ins Spital zurück. Drei Wochen lang war ich im Ausland gewesen und hatte während dieser Zeit das Spital und seine Insassen vergessen. Mit einer Ausnahme: Frau K.

Frau K. war nach einem Spitalaufenthalt von fast einem Jahr kurz vor den Sommerferien in ein Altersheim übersiedelt. Am Vorabend meiner Abreise hatte ich sie noch besucht und mich von ihr verabschiedet. Sie war in einer seltsamen Stimmung gewesen: traurig und heiter zugleich. Sie werde mich nicht mehr sehen, hatte sie mit Bestimmtheit erklärt. «Sind Sie sicher?» hatte ich sie gefragt. «Halten Sie es nicht mehr aus?» «Nein, es hat keinen Sinn, so will ich nicht weiterleben... Ich wünsche Ihnen und Ihrer Familie von Herzen alles, alles erdenklich Gute!» Ich hatte die kleingewachsene, untersetzte alte Frau mit dem traurigen Gesicht in meine Arme geschlossen und ihr zum Abschied einen Kuss auf die Stirn gedrückt. «Leben Sie wohl, Frau K., ich hoffe trotzdem, dass wir uns in drei Wochen wieder sehen werden...!» «Behüt' Sie Gott, Herr Pfarrer!»

Etwa zehn Tage später hatte ich versucht, sie von meinem Urlaubsort telefonisch zu erreichen, hatte aber keine Verbindung bekommen. Dann hatte ich es sein lassen; aber hin und wieder war sie doch in meinen Gedanken aufgetaucht.

Jetzt sitze ich am Schreibtisch in meinem Zimmer im Spital, hebe den Telefonhörer ab und wähle ihre Nummer. «Dieser Anschluss ist nicht mehr in Betrieb», meldet eine Tonbandstimme. Beunruhigt stelle ich die Nummer der Heimleitung ein. Die diensthabende Betreuerin gibt auf meine Frage, ob sie wisse, wie es Frau K. gehe, ganz verwundert zur Antwort: «Aber Frau K. ist doch schon lange tot, bestimmt zwei Wochen.» Ob sie wisse, welches die Todesursache gewesen sei, frage ich. Nein, das könne sie nicht sagen, denn sie, die Betreuerin, habe halt gerade frei gehabt, als Frau K. gestorben sei. Sie glaube, man habe sie am Morgen tot im Bett gefunden...

Ich lege den Telefonhörer auf und muss meine Gedanken sammeln. Also hat Frau K. ihren Entschluss doch wahr gemacht und ihrem Leben selber ein Ende gesetzt! Sie hatte ja oft mit mir darüber gesprochen. Ich hatte es ihr nie auszureden versucht, weil ich ja deutlich sehen konnte, wie sehr sie unter ihrem Zustand leiden musste; einem Zustand, der weder Linderung ihrer Schmerzen noch ein nahes Ende ihrer Qual absehen liess. Die Ärzte aller möglichen Spezialgebiete, die sich um sie bemühten, waren rat- und hilflos. Frau K. litt an verschiedenen Übeln, von denen keines, für sich allein genommen, unüberwindliche Probleme geboten hätte. Aber die Bekämpfung der einen Krankheit wirkte sich schädlich auf die andere aus – und so blieb letztlich alles in einem eigentümlichen Schwebezustand. Frau K. litt pausenlos an Schmerzen, denen man mit keinem Mittel beikommen konnte.

Sie war eine Patientin geworden, die sich gleichsam im «toten Winkel» der ärztlichen Kunst befand. Sie war von keiner Seite zu erreichen und zu beeinflussen. Kein Wunder, dass sie mit der Zeit für die Ärzte zum Ärgernis wurde, weil sie am Sammelsurium ihrer an sich banalen Krankheiten scheiterten. Schliesslich entliess man sie erleichtert ins Altersheim, versehen mit guten Wünschen und der Zusicherung, sie dürfe jederzeit wieder ins Spital zurückkehren.

Aber genau das wollte Frau K. unter keinen Umständen, das hatte sie mir mehrmals sehr entschieden mitgeteilt, und das hatte sie jetzt durch ihren Freitod verhindert.

Ich hatte Frau K. vor einem Jahr als Patientin der Dermatologischen Klinik kennengelernt. Sie war keine Frau, auf die ich «geflogen» wäre. Körperlich unförmig, mit mürrisch-verbittertem Gesichtsausdruck sass sie am Fenster, als ich zu ihrer sterbenskranken Zimmergenossin gerufen wurde. Widerstrebend setzte ich mich dann auch zu Frau K. hin, weil ich spürte, dass sie mit mir reden wollte. Offensichtlich hatte sie sogleich Vertrauen zu mir gefasst und begann mit grosser Offenheit, von ihrem Lebensschicksal zu erzählen, vom «banalen» Schicksal einer Arbeitersfrau, die ihr Leben lang hart hatte arbeiten müssen, ohne dafür je eine Anerkennung zu bekommen.

Sie habe vor kurzem ihren siebzigsten Geburtstag feiern können. Man habe ihr erlaubt, zum Fest nach Hause zu gehen. Ja, es sei ein schöner Tag gewesen. Aber tags darauf sei ihr Mann gestorben, einfach tot zusammengebrochen, ein schöner Tod für ihn, für sie weniger, obschon sie es miteinander nicht immer leicht gehabt hätten. Immerhin seien sie aber 47 Jahre verheiratet gewesen, zwei verheiratete Töchter und drei Enkelkinder habe sie, ja, hier in Basel, und manchmal kämen sie auch zu Besuch, nur eben, sie hätten wenig Zeit. Wie gesagt, in ihrer Ehe sei es nicht besonders gut gegangen; aber früher habe man sich eben drein geschickt und sei zusammengeblieben, schliesslich habe man doch zueinander gehört. Der Mann sei Arbeiter gewesen, zuverlässig und fleissig, er sei nie in die Wirtschaften gegangen, habe nur für seine Bastelarbeiten und später fürs Fernsehen Interesse gehabt. Eigentlich habe immer sie die

Verantwortung für die Kinder getragen. Ja, später, als die Kinder grösser gewesen seien, habe sie zeitweilig auswärts gearbeitet, geputzt oder in einem Laden ausgeholfen, was es eben so gab. Jetzt werde sie nach Hause entlassen, aber gesund sei sie nicht, sie müsse bestimmt bald wieder kommen, aber die Ärzte wollten sie loswerden. Sie habe Schmerzen an verschiedenen Stellen. Das Herz sei schwach, immer wieder Wasser auf der Brust. Das Hüftgelenk müsste eigentlich ersetzt werden, und so weiter. Und jetzt müsse sie allein in die leere Wohnung zurück. Sie habe nur einen einzigen Wunsch: nicht mehr lange leben zu müssen.

Ich verabschiede mich von Frau K. mit einem Gefühl von Beklommenheit.

Ein paar Wochen später, im November, bittet mich eine Schwester, Frau K. zu besuchen, welche seit wenigen Tagen auf ihrer Station liege. Sie sei so abweisend, depressiv, niemand komme an sie heran; aber einmal habe sie erwähnt, dass sie mich kenne und mit mir sprechen möchte.

Als ich kurze Zeit darauf in Frau K.s Zimmer trete, fliegt ein Lächeln über ihr Gesicht, das einen so finsteren Ausdruck trägt. Für einen Augenblick wird es hell und schön.

Von da an besuche ich Frau K. jeden Tag für einige Minuten. Wir haben nicht viel Gesprächsstoff. Ihr Zustand ist nach wie vor trostlos. Meine Versuche, sie zu ermutigen, sich mit ihrem Schicksal zu versöhnen, scheinen wenig zu fruchten. Sie spürt genau, dass sie immer noch im «toten Winkel» der Medizin steckt und dass sie da kaum herauskommen wird. Jede neue Untersuchung, jedes neue Medikament, das von neuen Ärzten verordnet wird und vielleicht etwas Hoffnung weckt (vor allem bei den Ärzten!), erweist sich als nutzlos. Sie spürt die versteckte Ungeduld und Frustration der Ärzte, welche sich um jedes Erfolgserlebnis betrogen fühlen und ihr mit heimlicher Aggression begegnen. Man beginnt zu argwöhnen, sie schlucke die Medikamente nicht vorschriftsgemäss, und kontrolliert sie genau. Das wiederum kränkt sie. Sie gerät in eine trotzige Haltung, was dem Pflegepersonal die Arbeit nicht erleichtert. So wird sie kurzerhand zur «schwierigen Patientin» erklärt.

Es ist nicht übertrieben zu sagen, dass ich für Frau K. mit der Zeit so etwas wie ein «Engel» werde; nämlich ein «Bote» aus einer andern Welt, der für einige Minuten Licht in ihr trübes, hoffnungsloses Leben bringt. Sie hat es sich angewöhnt, jeden Tag um eine bestimmte Zeit in der Eingangshalle auf mich zu warten, weil sie mich nicht im Spitalzimmer empfangen will. Wenn sie mich von weitem kommen sieht, geht ein verlegenes, fast mädchenhaftes Lächeln über ihr verrunzeltes Gesicht und verschönt es für Sekunden.

Die Monate ziehen sich hin. Zu den bekannten Leiden kommen neue hinzu. Frau K. wird endlich an der Hüfte operiert und deshalb auf die Chirurgische Klinik verlegt. Dann wird sie zurück auf die Medizin geschoben, von wo aus man sie nach weiteren Monaten erleichtert nach Hause entlässt. Sie freut sich überhaupt nicht; denn das bedeutet, dass unsere täglichen Kontakte nicht mehr stattfinden können.

Am Sonntag sitzt sie im Gottesdienst in der Spitalkapelle. Im Anschluss daran bittet sie mich um ein Gespräch in meinem Zimmer. Sie halte es zuhause nicht aus, klagt sie. Am liebsten würde sie zum Fenster hinausspringen, aber das könne sie ihren Kindern nicht antun. Aber nun habe sie einen Plan: Sie wolle jetzt gleich mit dem Autobus hinaus auf den «Hörnli»-Friedhof fahren und dort so lange herumlaufen, bis sie tot umfalle. Auf diese Weise würde sie ihre Kinder nicht belasten. Dann übergibt sie mir eine Plastiktüte als Abschiedsgeschenk. Es sind fünf Tafeln Schokolade drin. Ich nehme die kleine, unförmige alte Frau in meine Arme. Sie schluchzt kurz auf und schmiegt sich einen Augenblick an mich. Dann sage ich: «Frau K., ich glaube Ihnen, dass Sie sterben wollen, aber auf diese Weise können Sie Ihrem Leben kein Ende setzen. Bitte kommen Sie doch zu mir, wenn es Ihnen zu schwer ist, dann reden wir zusammen. Ich weiss, dass ich Ihnen die Schmerzen nicht fortzaubern kann, aber vielleicht gibt es Ihnen

Kraft, sie auszuhalten, bis Sie eines Tages wirklich gehen können.» Frau K. schaut mich lange an und murmelt dann: «Vielleicht brauche ich Sie wirklich noch... aber vielleicht geht heute mein Plan doch in Erfüllung.» Dann humpelt sie weg, schwerfällig auf ihren gekrümmten Beinen, sich an zwei Krücken fortschleppend. Ich schaue ihr nach, wie sie die Halle durchquert; mir ist nicht wohl.

Anderntags rufe ich sie zuhause an und bin erleichtert, dass sie das Telefon abnimmt. Kleinlaut erzählt sie mir, sie sei gestern bis zum Einbruch der Nacht auf dem «Hörnli»-Friedhof umhergeirrt, in der Hoffnung, tot umfallen zu können. Ein Friedhofsbeamter habe sie schliesslich mit einem Taxi heimgeschickt. Ihre beiden Töchter hätten sie den ganzen Sonntagnachmittag gesucht und hätten sie bei ihrer Heimkehr mit Vorwürfen überschüttet.

Wenige Tage später ruft mich Frau K. an, sie liege wieder im Spital, diesmal in der Frauenklinik. Sie sei zweimal in der Nacht gestürzt und stundenlang auf dem Boden liegengeblieben. Nun habe der Hausarzt entschieden, sie müsse sich wieder in Spitalpflege begeben.

Eine neue Runde fängt an. Frau K. wird von andern Ärzten wieder von vorn bis hinten untersucht. Man verspricht ihr wieder, die Schmerzen in den Griff zu bekommen. Aber für solche Versprechen hat sie nur ein müdes Lächeln übrig, was wiederum die wohlmeinenden Ärzte verstimmt. Nachts findet sie kaum mehr Schlaf und gerät in einen Zustand überreizter Wachheit. Sie gesteht mir, dass sie heimlich ihre Schlafpillen sammle, um sie irgendwann alle auf einmal zu schlucken.

Frau K. wartet sehnsüchtig auf meinen täglichen kurzen Besuch. Manchmal schreibt sie mit ungelenker Schrift und orthographischen Fehlern Gedanken auf, die sie mir zu lesen gibt. Oft ist darin von mir die Rede. Mit der Zeit fallen mir die Besuche bei ihr schwer. Ich spüre, wie sich Frau K. an mich klammert und ich der letzte positive Inhalt ihres Lebens geworden bin. Ihre Gedanken kreisen nur noch um ein Ziel: Wie kann ich einen zuverlässigen Weg finden, um mein Leben zu beenden?

Nach mehreren Wochen ist Frau K. wieder so weit hergestellt, dass man sie ins Altersheim entlassen kann. Sie zeigt überhaupt keine Freude darüber, dass ihre Töchter innert kurzer Zeit im eigenen Wohnquartier einen behaglichen Altersheimplatz haben finden können. Ich ahne den Grund: Altersheim bedeutet die Trennung von mir, der in ihrem tristen Alltag der einzige Lichtblick gewesen ist. Wieder nehmen wir voneinander Abschied, wieder bekomme ich von ihr eine Menge Schokolade. Sie ist sehr traurig, und ich bin es auch.

Ihr Altersheim liegt nicht weit von meiner Wohnung entfernt. Am zweiten Tag besuche ich sie dort mit einem Blumensträusschen. Frau K. strahlt, denn sie hatte nicht mit meinem Besuch gerechnet. Aus Angst, eine Absage zu bekommen, hatte sie es vermieden, mich um einen Besuch zu bitten. Aber sofort ist das alte Elend wieder da. Zwar sei an diesem Heim nichts auszusetzen, sie sei mit allem Nötigen versehen – bloss: sie wolle einfach nicht mehr leben!

Inzwischen sind die Sommerferien angebrochen. Ihre Töchter fahren in den Süden. Ich besuche Frau K. zweimal in der Woche.

Eines Tages sagt sie mit einem triumphierenden Lächeln: «Jetzt weiss ich, wie ich es machen werde, der Doktor hilft mir dabei!»

«Wollen Sie es mir verraten?» frage ich.

«Aber es nützt nichts, wenn Sie es mir auszureden versuchen.»

«Ich werde es Ihnen nicht ausreden.»

«Also, der Doktor hat mir gesagt, wenn ich die vierfache Portion Insulin spritze, könne ich einschlafen und brauche nicht mehr zu erwachen. Jetzt muss ich nur dafür sorgen, dass ich in der Nacht nicht gestört werde. Ich will noch warten, bis meine Leute aus den Ferien zurück sind – und bis Sie verreist sind.»

Am gleichen Tag rufe ich Dr. X., den Hausarzt, in seiner Praxis an und frage, ob es stimme, was Frau K. mir erzählt habe. Er zögert zuerst, dann fasst er Vertrauen und bestätigt, was ich von meinem Gespräch mit Frau K. erzähle. Es scheint ihn zu entlasten, sein Wissen mit jemandem teilen zu können.

Am Tag vor meinen Ferien besuche ich Frau K. ein letztes Mal. Zufällig ist es mein Geburtstag. Frau K. muss es irgendwie erfahren haben, denn sie überreicht mir eine Plastiktüte mit Weinflaschen, Schokoladen und einer Glückwunschkarte. In ihrer Stimme mischt sich auf eigentümliche Weise Trauer mit Heiterkeit. Beim Abschied schmiegt sie sich an mich und lässt sich von mir drücken. Auch meine Gefühle sind seltsam gemischt. Ist es wirklich der endgültige Abschied und werde ich sie nicht wieder sehen? Eigentlich rechne ich doch nicht damit, dass sie durch eigene Hand sterben werde. Aber es lässt mir keine Ruhe. Deshalb versuche ich, sie aus dem Urlaub anzurufen.

Nun sitze ich also in meinem Arbeitszimmer vor dem Telefonapparat und habe immer noch die Nachricht im Ohr: «Frau K. ist vor zwei Wochen gestorben...»

Ich muss mehr darüber erfahren! Wie heissen bloss ihre Töchter mit Familiennamen? Da fällt mir ein, dass Frau K. das Geschäft erwähnt hat, in dem die eine Tochter arbeitet. Sofort fahre ich hin und sehe sie im Lagerraum. Sie scheint etwas verwirrt, als sie mich erkennt. Ich bitte sie, mir etwas über die Umstände des Todes ihrer Mutter zu erzählen. Es wird ein seltsames Gespräch.

«Das Datum ihres Todes wollen Sie wissen, warten Sie!» Dann geht sie zu einem grossen Wandkalender und fängt an, rückwärts die Tage abzuzählen. «Da muss es gewesen sein... ja, hier, in der Nacht vom 9. zum 10. August... die Beerdigung war dann am 14., einem Montag... Ja, wissen Sie, wir hatten so viele Todesfälle in der Familie und im Bekanntenkreis in der letzten Zeit, ehrlich, mir reicht's allmählich... Der Mutter ist es ja gut gegangen, finden Sie nicht auch, es war ja kein Leben mehr, ehrlich, mit all diesen Schmerzen... Aber dass die vom Spital wirklich nichts dagegen haben tun können, finden Sie das nicht auch komisch...? Sie als Pfarrer sind natürlich gegen Selbstmord, müssen ja, aber ich muss sagen, ich verstehe meine Mutter, wahrscheinlich hätte ich es auch gemacht an ihrer Stelle, ehrlich...»

«Erzählen Sie mir doch bitte, wie Ihre Mutter gestorben ist», fordere ich die Tochter auf.

Da berichtet sie, Frau K. habe nach ihrer, der Tochter, Rückkehr aus den Ferien vage Andeutungen gemacht, sie wisse jetzt einen sicheren Weg, wie sie ihr Leben verkürzen könne. Genaues habe sie nicht gesagt, und sie, die Tochter, habe sie auch nicht darnach gefragt.

Am Vortag ihres Todes sei sie dann zur Bank gegangen und habe ihr letztes Erspartes abgehoben.

Anschliessend sei sie mit einem Taxi in ein Warenhaus gefahren, habe sich ein neues Kleid gekauft und habe sich mit dem Taxi wieder nach Hause bringen lassen.

Für den Mittwochnachmittag habe dann die Mutter sie, ihre Schwester und die drei Enkelkinder, zwei von der Schwester und eins von ihr, ins Heim gebeten. Sie habe alle aufgefordert, mit ihr einkaufen zu kommen, sie wolle jedem ein Geschenk machen. Natürlich hätten die Schwester und auch sie keine Zeit gehabt, weil sie beide hätten arbeiten müssen. Da habe die Mutter jeder von ihnen hundert Franken in die Hand gedrückt, sie sollten sich damit etwas kaufen. Das sei ihnen schon seltsam vorgekommen, denn die Mutter sei sonst nicht so freigebig gewesen. Wenn sie gewusst hätte, dass es der letzte Nachmittag sei, dann hätte sie frei genommen.

«Aber es ist ja besser, wenn man so etwas nicht zum voraus weiss, oder?»

Am Abend hätten die Kinder erzählt, so hätten sie die Grossmami noch nie erlebt. Sie habe ein Taxi bestellt, und dann seien sie zum Warenhaus gefahren, und dort habe die Grossmami immer gefragt: «Willst du das haben, oder willst du das haben?» Dann habe sie es einfach gekauft: eine Uhr, einen Pullover, ein Paar Turnschuhe, eine Puppe, einen Fussball und noch mehr. Dann habe sie Wein gekauft, Coca-Cola, Orangina, viele belegte Brote und

Kuchen. Mit einem Taxi seien sie ins Altersheim zurückgefahren, und dann hätten sie im Garten Zvieri gegessen, alle seien eingeladen gewesen. Und die Grossmami habe Salami mit Mayonnaise und Kuchen gegessen und mit den Männern vom Heim Wein getrunken!

Um sechs Uhr habe sie die Enkel heimgeschickt und ihnen gesagt, sie sei jetzt müde und gehe gleich zu Bett ohne Nachtessen, sie wolle heute auch nicht mehr gestört werden...

Und dann sei sie am Morgen eben nicht zum Frühstück erschienen. Die Heimleiterin habe nachgeschaut – und da sei die Mutter tot im Bett gelegen, eingeschlafen und nicht mehr aufgewacht...

«Ich weiss, dass sich die Mutter gewünscht hat, sterben zu dürfen. Ich bin froh, dass es ihr gelungen ist. Der Doktor hat gesagt, er sei überzeugt, dass sie nicht habe leiden müssen,» sagt die Tochter.

Ich verabschiede mich von ihr. Ich bin sehr bewegt, dass es der verbitterten, traurigen Frau K. gelungen ist, ihren ersehnten Tod zu einem kleinen Fest für sich, ihre Enkelkinder und die Heimgenossen werden zu lassen.

Franz: God bless you

Bevor ich die Geschichte von Franz erzähle, muss ich die Abteilung vorstellen, auf der wir uns begegneten.

Man nennt sie die «Sterileinheit», und da liegen Leukämiekranke, welche mittels Knochenmark-Transplantation (KMT) behandelt werden. Ich habe mir von einem Arzt erklären lassen, dass das Blut vom Knochenmark produziert wird. Wenn das Knochenmark von Krebszellen befallen wird, so produziert es krebshaltiges Blut, was zu Leukämie führt. Lange Zeit galt Leukämie als unheilbar. Inzwischen wurde in amerikanischen Kliniken die Knochenmark-Transplantation entwickelt. Seit 20 Jahren wird dieses Verfahren auch am Kantonsspital Basel angewandt.

Dabei wird das krebshaltige Knochenmark mit Hilfe aggressivster Chemotherapie und Bestrahlung des ganzen Körpers radikal vernichtet. Anschliessend wird dem Patienten von einem andern Menschen gesundes Knochenmark, welches die gleichen Merkmale aufweist (am besten von einem Geschwister des Patienten), eingepflanzt. Das «neue» Knochenmark beginnt sodann im «fremden» Körper zu arbeiten und gesundes Blut zu produzieren. So einfach tönt das. Das grosse Problem besteht aber darin, dass jetzt der Körper, dessen Knochenmark vernichtet wurde, ohne jede Abwehrkraft ist, und dass der Patient schutzlos allen Infektionen ausgeliefert ist, die jeder normal funktionierende Körper spielend abwehrt. Aus diesem Grunde wird für den Patienten ein steriles Milieu geschaffen, in welchem er so lange leben muss, bis sein neues Knochenmark normal arbeitet und seine Abwehrkräfte wieder intakt sind. Dieses sterile Milieu wird «Zelt» oder «Life island» (Lebens-Insel) genannt. Es ist eine im Raum stehende Kabine aus durchsichtigem Plastik, gerade gross genug, um einem Bett und – in einem kleinen Anbau – einer Waschschüssel und Toilette Platz zu bieten. Jeder Gegenstand, der durch eine sogenannte «Schleuse» – das ist eine kleine Kammer mit zwei Türen – ins Zelt gelangt, muss zuerst sterilisiert werden; selbst die Luft wird durch einen Filter gesaugt und entkeimt. An beiden Seitenwänden und am Fussende sind je zwei Paar schlauchartige Röhren angebracht, die in Gummihandschuhen enden. Sie ermöglichen es dem Personal und den Besuchern, den Patienten anzufassen und die nötigen Handreichungen auszuführen.

Wenn die Patienten vor ihrem Eintritt ins Zelt die Ärzte fragen, wie lange sie wohl darin bleiben müssen, dann heben diese die Achseln und antworten: «Das können wir Ihnen nicht voraussagen; aber stellen Sie sich auf mindestens sechs, sieben Wochen ein;

es können aber auch zwei, drei oder gar vier Monate werden. Vergessen Sie nicht, dass jeder banale Schnupfen zu einer schweren Lungenentzündung führen kann, die wir mit starken Antibiotika behandeln müssen. Wir legen uns grundsätzlich nie auf eine Zeitprognose fest.»

Beim Vorgespräch sagen die Ärzte den Patienten ebenfalls, dass sie möglicherweise nach der Transplantation, wenn das Knochenmark bereits begonnen habe, gesundes Blut zu produzieren, schwere Nebenwirkungen erdulden müssten. Zum Beispiel ständiges Erbrechen und Durchfall, Hautausschläge, Leber- und Nierenleiden und anderes mehr. Diese Nebenwirkungen rührten davon her, dass unter Umständen das «eingepfropfte» Knochenmark gegen den «Gastgeber»-Körper rebelliere. Daher nenne man diese leidige Nebenerscheinung auf amerikanisch «Graft versus Host Disease», kurz GvH.

Schliesslich konfrontieren die Ärzte die Patienten offen mit der Statistik, die besagt, dass – bezogen auf den Zeitraum von zwei Jahren – etwa fünfzig Prozent der Patienten die ganze Behandlung nicht überleben und also die Heilungschance (statistisch gesehen) etwa 50:50 beträgt.

«Aber», fügen die Ärzte in der Regel bei, «bedenken Sie, dass Sie ohne Transplantation nach unserer Erfahrung innerhalb der kommenden zwei Jahre an der Krankheit sterben müssen – wobei wir allerdings nie ausschliessen, dass ein Wunder geschehen kann. Aber dafür sind wir nicht zuständig.»

Auf dieser Station habe ich also Franz kennengelernt.

Ich trete in den Saal mit den drei Zelten. Die beiden jungen Männer in den Kabinen beim Fenster vorne kenne ich seit vielen Wochen. Sie warten sehnsüchtig darauf, endlich entlassen zu werden. Im dritten Zelt, näher zur Tür, sitzt ein Mann auf dem Bett, dem ich heute zum erstenmal begegne. An der Seite sitzt auf einem Hocker eine junge Frau, ihr Gesicht dicht an der Plastikwand.

Ich zögere; soll ich stören, mich dazwischendrängen? Meine Augen begegnen denen des Patienten, da fasse ich Mut und trete näher. Die Frau wendet sich mir zu. Ich stelle mich neben sie an die Zeltwand und sage: «Guten Tag, wir kennen uns noch nicht, ich bin der Seelsorger dieser Station und will mich Ihnen vorstellen.» Die Augen des Patienten leuchten auf und er antwortet in bündnerischem Tonfall: «Das freut mich sehr, Herr Pfarrer, dass Sie schon am ersten Tag zu mir kommen. Ich werde Ihre Unterstützung bestimmt brauchen. Jetzt geht es mir noch gut; aber ich weiss, dass es schrecklich werden kann, und ich habe auch grosse Angst davor. Ich weiss aber auch, dass mir Jesus helfen wird; ich glaube nämlich ganz fest an Jesus... nicht wahr, Herr Pfarrer, er wird mir helfen...?»

«Ich bin sicher, dass er Ihnen helfen wird, die Zeit im Zelt durchzustehen... Sie haben eine schwere Krankheit und hoffen, dass Sie durch diese Behandlung gesund werden. Ich glaube daran, dass Gott Ihnen durch das Wissen und Können der Ärzte helfen kann.»

Das war unsere erste Begegnung. Ich fühlte mich sogleich angenommen. Die Frau begrüsste mich ebenso freundlich. Sie sprach mit einem stark amerikanischen Akzent gebrochen deutsch und erzählte bereitwillig, sie hätten sich vor sieben Jahren in Texas kennengelernt, wo Franz als Confiseur-Patissier in einem noblen Hotel gearbeitet habe, in welchem sie beim Empfang tätig gewesen sei. Nach der Heirat vor sechs Jahren seien sie in Franzens Heimatdorf im Bündnerland zurückgekehrt, wo er im elterlichen Betrieb als Bäcker und Konditor arbeite. Sie, Jane, sei fest davon überzeugt, dass Jesus helfen werde, die Krankheit zu heilen, und sie sei über meine Unterstützung sehr glücklich.

Ich war berührt. Ich streckte meine linke Hand durch den Gummihandschuh ins Zelt hinein und fasste Franzens Hand, während ich meine rechte auf Janes Arm legte. Sie selber hielt mit den Handschuhen Franzens Hände umschlossen. So bildeten wir zu dritt einen Kreis. Dann sagte ich: «Ich wünsche

Ihnen beiden, dass Sie für jeden Tag die Portion Kraft bekommen, die Sie brauchen. Gott behüte Sie!» «God bless you, too!» antwortete Jane.

Das war am 6. Januar. Am 12. Februar entschloss sich Franz, die Ärzte von der Verpflichtung zur weiteren Behandlung zu entbinden und ihn sterben zu lassen. Sein Tod trat in der Morgenfrühe des 20. Februars ein.

Die Behandlung wurde nach dem ausgeklügelten System begonnen. Da die vorbereitenden Chemotherapien bereits in seinem Heimatspital verabreicht worden waren, konnte man gleich mit der Bestrahlung des ganzen Körpers einsetzen. An drei aufeinanderfolgenden Tagen wurde Franzens ganzer Leib mit Röntgenstrahlen «beschossen», damit zusammen mit den gesunden auch die krebshaltigen Zellen des Knochenmarks vernichtet würden. Ich habe mir sagen lassen, dass durch diese Prozedur die zulässige Strahlendosis für ein ganzes Menschenleben erfüllt oder sogar überschritten werde. Manche Patienten scheinen die Bestrahlung ganz gut zu ertragen; andere leiden aber unter schweren Nebenwirkungen: Verbrennungen äusserlich und innerlich.

So geschah es bei Franz. Als ich ihn eine Woche nach unserer ersten Begegnung wieder besuchte, glich er einem Menschen mit heftigem Sonnenbrand.

Er lag, die ganze Körperhaut gerötet, nackt unter einem grünen Tuch und konnte sich vor Schmerz und Übelkeit kaum rühren. Als ich an die Zeltwand trat und er mich erkannte, flüsterte er: «Schön, dass Sie kommen, Herr Pfarrer, es geht mir nicht gut, wie Sie sehen; aber ich bin überzeugt, dass ich wieder gesund werde. Jesus wird mir helfen, glauben Sie das auch?»

Diesmal wagte ich nicht, ihn zu berühren, und sagte nur: «Gott ist mit Ihnen, das glaube ich – und ich komme bald wieder zu Ihnen!»

Die Therapie nahm ihren vorgeschriebenen Verlauf. Der Bruder von Franz spendete Knochenmark, das ideal zu passen schien. Allmählich nahmen die Hautrötung und die Schmerzen ab. Nach zwei Wochen ergab eine Kontrolle, dass das «eingepfropfte» Knochenmark des Bruders zu arbeiten begonnen hatte und die beste Aussicht auf einen günstigen Verlauf bestand.

Ich besuchte Franz etwa zweimal in der Woche. Seine Frau Jane war oft dabei. Sie wohnte in einem kleinen Studio unweit des Spitals. Einmal gestand sie mir, dass sie es – trotz aller Belastung – geniesse, wieder einmal in einer Stadt leben zu können, weil der Alltag im Bündner Bergdorf gar eintönig sei. Zwischen Franz, seiner Frau Jane und mir entwikkelte sich eine freundschaftliche Vertrautheit. Beide redeten kindlich offen von ihrem Vertrauen, dass ihnen Jesus helfen und die Kraft schenken werde, die schwere Zeit zu bestehen, und schliesslich Franz gesund machen werde. Für mich war diese Ausdrucksweise zwar nicht unbekannt, jedoch konnte ich sie nicht teilen; aber trotzdem fühlte ich mich nicht eingeengt. Ich spürte die Echtheit dieses Vertrauens, eben etwas anrührend Kindliches. Was ich aber allem Vertrauen zum Trotz auch spürte, war Angst. Vertrauen und Angst lagen dicht beieinander. Trotz des beschworenen Vertrauens drang die Angst, die Todesangt, immer wieder an die Oberfläche und flakkerte in Franzens Augen auf.

Obgleich das «eingepfropfte» Knochenmark des Bruders zur Zufriedenheit der Ärzte neues Blut zu produzieren begonnen hatte, ging es Franz schlecht. Man erklärte immer wieder, es handle sich um das leidige, bekannte «GvH»-Phänomen: Das eingepflanzte Knochenmark würde sich gegen den als «fremd» erkannten «Gastgeber»-Körper auflehnen und ihn gleichsam abstossen wollen. Die eigentliche Prozedur sei aber gelungen, weil jetzt das Knochenmark krebsfreies Blut erzeuge. Es gelte nun, die «GvH»-Nebenwirkungen in den Griff zu bekommen.

«Wir dürfen hoffen!» lautete immer der abschliessende Satz.

Als ich zu Beginn der vierten Woche in den Saal trat, war Franzens Zelt leer. Eine Krankenschwester erklärte mir, sein Zustand habe sich am Wochenende dermassen verschlechtert, dass seine Pflege im Zelt nicht mehr zu bewältigen gewesen sei und man ihn ins «Eckzimmer» habe verlegen müssen.

Das «Eckzimmer» ist ein grosser Raum, den man nur geschützt durch Mundmaske und Handschuhe betreten darf. Franz lag nackt, mit einem Tuch bedeckt, auf seinem Bett. Zwei Krankenschwestern hantierten an einem mit unzähligen Flaschen und Schläuchen ausgestatteten Infusionsständer herum. Am Fenster sass schmal und bleich Jane. Sie habe am Wochenende versucht, mich zu erreichen, denn Franz habe sterben wollen. Jetzt schlafe er unter dem Einfluss starker Medikamente. Zeitweilig sei er verwirrt. Verdauung und Leber arbeiteten nicht und er blute im Mund. Ausserdem seien Handflächen und Fusssohlen entzündet und am Hintern sei er wund.

Ich hatte Mühe, Franz wieder zu erkennen. Sein ganzer Körper hatte eine gelb-bräunliche Farbe angenommen. Er lag mit geschlossenen Augen unter dem grünen Tuch. Ich trat an sein Bett und legte behutsam meine rechte Hand auf seine Stirne. «Franz», flüsterte ich, «erkennen Sie mich?» Er öffnete seine Augen, schaute mich an und hauchte: «Schön, dass Sie gekommen sind», und schloss die Augen wieder.

Jane war an die andere Seite des Bettes getreten und flüsterte auf englisch: «Liebling, ich bin bei dir, auch der Pfarrer. Vergiss nicht: Jesus liebt dich und wird dir helfen!» Was sollte ich dazu noch sagen? Da hörte ich plötzlich in mir den Refrain des Paul-Gerhardt-Liedes klingen: «...Gottes Lieb in Ewigkeit...» Sollte das die Antwort sein auf meine hilflose Frage, was ich dazu noch sagen sollte? Ich zögerte etwas und sagte dann zu Franz und seiner Frau: «Ich möchte ein Lied für uns singen; mögt ihr zuhören?» Franz nickte, Jane ebenfalls. Dann stimmte ich das Lied an:

«Sollt ich meinem Gott nicht singen?
Sollt ich ihm nicht dankbar sein?
Denn ich seh in allen Dingen,
wie so gut er's mit mir mein.
Ist doch nichts als lauter Lieben,
das sein treues Herz bewegt,
das ohn Ende hebt und trägt,
die in seinem Dienst sich üben.
Alles Ding währt seine Zeit,
Gottes Lieb in Ewigkeit.«

Während des Singens dachte ich: Was mach ich da? Ist es nicht blanker Hohn, wenn ich dem todelenden Franz vorsinge, dass Gott es gut mit ihm meine? Nach der ersten Strophe hielt ich inne. Franz öffnete die Augen und flüsterte: «Das war so schön, danke; aber jetzt bin ich müde; kommen Sie wieder!» Jane begleitete mich zur Türe. «Ich bin froh, dass Sie wieder da sind», sagte sie, «Franz hatte am Wochenende solche Angst, er müsse sterben, und wollte unbedingt, dass Sie kommen.» «Ich komme von jetzt an jeden Tag, und wenn ich verreise, sage ich es Ihnen», versprach ich, «behüte Sie Gott!» «God bless you, too!»

Von da an besuchte ich Franz jeden Tag. Sein körperlicher Zustand verschlechterte sich zusehends, und auch sein Geist war zeitweilig verwirrt. Dazwischen hatte er aber Augenblicke grosser Klarheit.

Eines Nachmittags war ich allein bei ihm. Nach den ersten Fragen und Antworten über sein Ergehen sagte er plötzlich mit bestimmter Stimme: «Herr Pfarrer, erzählen Sie mir bitte eine Geschichte aus der Bibel, wissen Sie, die Geschichte, wo Jesus Maria begegnet.» «Beim leeren Grab?» fragte ich. Franz nickte. Also erzählte ich ihm die Geschichte aus dem Johannesevangelium, wie Maria weinend beim leeren Grab steht, wie ihr Jesus als vermeintlicher Gärtner begegnet und sie ihn erkennt, als er ihren Namen nennt. Franz hörte in kindlicher Spannung zu und ergänzte zum Schluss meine Erzählung: «Und dann ist Maria zu den Jüngern gegangen und hat ihnen alles berichtet.»

Nach einer Zeit der Verschlechterung schien sich sein Zustand wieder zu bessern. Die blutenden Wunden heilten langsam, die Zeiten der Verwirrtheit waren vorbei und zögernd kehrten auch wieder Kräfte zurück. Ob Franz wohl die entscheidende Wende gemacht hatte? Der leitende Arzt, dem ich diese Frage stellte, zögerte: «Wir haben grosse Sorgen um ihn; aber wir haben keinen Grund aufzugeben.»

Manchmal schien Franz ganz munter, wenn ich auf dieser und Jane auf der andern Seite seines Bettes sassen. Heiterkeit kam auf, und Jane erzählte, wie sie sich im fernen Amerika kennengelernt hatten. Zum Schluss: «O Liebling (honey), ich bin fest überzeugt, dass dir Jesus die Gesundheit wieder geben wird!» Damit war die Realität wieder da, und diese sah trotz allem nicht gut aus.

Mehrmals bat mich Franz, ihm die Geschichte von Maria Magdalena zu erzählen; auch zu singen bat er mich. Einmal war seine Mutter zu Besuch. Sie sang mit, und das berührte mich.

Irgendwann hatten wir das förmliche «Sie» aufgegeben. Franzens Augen strahlten vor Freude, als ich ihm vorschlug, wir sollten uns künftig beim Vornamen nennen und uns «du» sagen. Trotz seiner Weltläufigkeit schien er vor dem «Herrn Pfarrer» einen grossen Respekt bewahrt zu haben.

An einem Spätnachmittag sass ich allein an seinem Bett. Plötzlich schaute er mich mit angstvollem Blick an und sagte: «Du, ich habe nachts entsetzliche Alpträume, und wenn ich erwache, zittere ich vor Schrecken. Ich halte diese Ängste fast nicht mehr aus.»

Ich stutzte. Weshalb hatte ich davon gar nichts wahrgenommen? War ich blind gewesen, oder hatte er seine Angst so gut verstecken können? Ich fühlte mich hilflos. Was könnte ich ihm als Schutz gegen diese elementare Todes- und Sterbensangst anbieten? In meiner Ratlosigkeit fasste ich seine Hand und sagte: «Franz, ich spüre deinen Schrecken vor der Angst in der Nacht... aber ich weiss gar nicht, was ich dazu sagen soll... hast du eine Ahnung?» Franz zuckte die Achseln: «Es ist einfach gut, wenn du immer wieder zu mir kommst, das gibt mir Kraft.»

Beim Abschied legte ich meine beiden Hände auf seine Achseln, sah ihm in die Augen und zitierte die alten Worte: «Der Herr segne dich und behüte dich... Ich wünsche dir eine gute Nacht, Franz.» Beim Hinausgehen stellte ich mir die Frage: War das jetzt eine Beschwörung? Nein, ein Segen, antwortete ich mir.

Der Zustand von Franz verschlechterte sich. Rund um die Uhr musste eine zusätzliche Pflegeperson im Zimmer sein. Er bekam morphinhaltige Mittel, um die Schmerzen ertragen zu können, und döste deshalb stundenlang vor sich hin. Aber jedesmal, wenn ich an sein Bett trat und seinen Namen rief, öffnete er die Augen und lächelte mich an: «Schön, dass du kommst, Pfarrer.» (Meinen Vornamen konnte er sich nicht merken.) Zwischendurch hatte er auch wache Phasen; man hob ihn zuweilen aus dem Bett und setzte ihn für Stunden in den Lehnstuhl. Auch der Fernseher wurde angestellt, etwa wenn Skirennen gezeigt wurden. Die Angstanfälle schienen erträglicher zu sein, wenn eine Person in seinem Zimmer wachte. In mir spürte ich die Frage: Würde Franz den Umschwung zum Gesundwerden schaffen, oder würde sich sein elender Zustand noch lange Zeit hinziehen und irgendwann zum Tode führen?

An einem Mittwochmorgen – Franz war bereits fünf Wochen im Spital – rief mich eine Krankenschwester an und bat mich, so rasch als möglich auf die Station zu kommen. Franz habe heute früh erklärt, er wolle sterben und verzichte ab sofort auf jegliche weitere Therapie. Die Ärzte hätten seine Entscheidung angenommen; er bekomme jetzt nur noch Schmerzmittel. Auf meine Frage, wieviel Zeit man Franz noch einräume, antwortete sie, es könne sich um Stunden handeln, aber möglicherweise auch um einen oder zwei Tage, länger auf keinen Fall.

Kurz nach halb neun Uhr wollte ich wie gewohnt vor Franzens Zimmer Schürze, Maske und Gummihandschuhe überstreifen; aber eine Krankenschwester bedeutete mir, diese Schutzmassnahme sei nicht mehr nötig.

Als ich zu Franzens Bett trat, strahlten seine Augen. Ich setzte mich nahe zu seinem Kopf und nahm seine Hand in die meine. «Willst du nicht mehr kämpfen?» fragte ich.

«Nein, ich kann nicht mehr, es ist zu schlimm», antwortete er und fing an zu weinen, «die Schmerzen wären noch zu ertragen; aber die Ängste in der Nacht... nein, ich habe die Kraft nicht mehr... aber ich weiss ja, Jesus nimmt mich zu sich, und dann brauche ich keine Angst mehr zu haben, nicht wahr, Pfarrer.»

«Franz, ich bin ganz sicher, dass du an einen guten Ort gelangst, wo du keine Angst und keine Schmerzen mehr haben wirst... Ich habe grosse Achtung vor deiner Entscheidung, und ich weiss, dass du sie nicht leichtfertig getroffen hast.»

«Aber sag mir noch eines, Pfarrer, nicht wahr, das ist nicht Selbstmord, was ich jetzt mache?»

«Nein, Franz, da brauchst du dir kein Gewissen zu machen. Du darfst sicher sein, dass dir der liebe Gott keinen Vorwurf macht, dass du diese entsetzliche Therapie nicht mehr ertragen willst.»

Franz lächelte erleichtert und sagte dann entspannt: «Ich bin froh, dass du da bist... Jetzt kommen bald meine Geschwister und meine Mutter, dann wünsche ich mir, dass wir zusammen Abendmahl feiern. Machst du das für uns?»

«Klar mache ich das. Wenn alle da sind, feiern wir mit einem Abendmahl Abschied.»

Ich blieb eine Weile schweigend an seinem Bett sitzen; dann kamen die Krankenschwestern, wuschen ihn, richteten sein Bett und hoben ihn sogar für eine Weile in den Lehnstuhl. Im Zimmer herrschte eine mit Trauer vermischte Atmosphäre gelöster Heiterkeit. Es fielen auch Scherzworte. Franz wünschte sich Früchte und Saft, wobei er von allem nur ganz wenig kosten konnte. Im Zimmer war deutlich zu spüren: Wir werden dir jeden Wunsch erfüllen, den du in deinen letzten Lebensstunden äussern wirst!

Im Verlaufe des Tages reisten die Geschwister aus der Ostschweiz an und das Zimmer füllte sich mit Menschen. Einzig die Mutter fehlte noch. Die bange Frage lag in der Luft, ob Franz noch so lange durchhalten würde. Die Ärzte hatten ja davon gesprochen, dass seine Organe ihren Dienst möglicherweise nur noch wenige Stunden leisten würden.

Ich konnte anderer Verpflichtungen wegen nicht die ganze Zeit im Zimmer bleiben. Als ich im Verlauf des Nachmittags wieder eintrat, sah ich einen angeregten Franz im Bett sitzen, der die liebevolle Zuwendung seiner Besucher und Besucherinnen sowie der Pflegepersonen zu geniessen schien. Ein Hauch von festlicher Erwartung lag in der Luft. Die Mutter sei jetzt unterwegs, hiess es, sie werde gegen halb neun Uhr im Spital eintreffen. Ob es mir möglich sei, nach Dienstschluss nochmals zu kommen, um das Abendmahl zu feiern?

Zuhause fand ich einen handgefertigten Tonbecher und einen Tonteller. Eine Flasche meines Alltagsweines und ein Stück selbstgebackenen Brotes brachte ich auf die Station. Vor der Zimmertür wartete ein junges Ehepaar mit einem sechswöchigen Säugling, die Frau war eine von Franzens Schwestern. Die Mutter sei im Zimmer und möchte eine Weile allein mit Franz verbringen. Gegen neun Uhr gingen wir hinein.

Der Pfleger hatte Franz gewaschen und ihm ein frisches Hemd übergestreift, auch das Bett war neu bezogen. Er wolle doch schön sein an seinem Abschied, scherzte Franz mit einer Stimme, in der kaum Traurigkeit lag. Ich ordnete meine Abendmahlsgeräte auf einem kleinen Tisch, den ich vorerst in den Hintergrund schob. Ausser Franzens Frau und seiner Mutter waren drei Schwestern mit ihren Partnern da, die eine mit ihrem Söhnchen, sowie sein einziger Bruder mit der Freundin und mir, im ganzen zwölf Personen, Franz in der Mitte. Wie Jesus und seine Jünger, musste ich denken.

«Ich will Rosmarie anrufen», sagte Franz mit leiser, aber bestimmter Stimme. Man erklärte mir, Rosmarie sei die älteste Schwester, die nicht habe kommen können, weil ihr Mann und die fünf Kinder mit Grippe im Bett lägen. Sie sei traurig und habe ein schlechtes Gewissen, dass sie Franz nicht mehr sehen könne. Eine der Schwestern stellte die Nummer ein und reichte ihm den Hörer: «Schön, dass ich dich hören kann, Rosmarie, alle sind sie da um mein Bett, auch der Pfarrer... Nein, du musst nicht weinen, weil du nicht dabei sein kannst, ich verstehe es doch, du hast eine grosse Aufgabe zu erfüllen... Mir geht es jetzt gut, ich bin froh, keine Schmerzen mehr leiden zu müssen. Und weisst du, Jesus wartet auf mich und dann wird alles gut...» Franz legte erschöpft den Hörer aus der Hand und sank ins Kissen zurück.

Eine Weile sassen wir da, ohne zu reden. Dann fing ich an, leise das Lied zu singen: «Der Mond ist aufgegangen...». Eine Person nach der andern stimmte ein, selbst Franz sang mit. Es war selbstverständlich. Dann herrschte wieder Stille.

Etwas später sagte Franz unvermittelt zu Jane: «Du musst bald wieder nach Amerika zurückkehren; ich weiss doch, dass du ohne mich unglücklich bist in den Bündnerbergen... Und ich will kremiert werden... dann kannst du ja einen Teil der Asche nach Amerika mitnehmen und sie dort begraben... Ich habe euch alle sehr lieb...» Dann wieder Stille.

Jetzt schob ich das Tischchen näher zu seinem Bett und sagte: «Franz, du hast gewünscht, dass wir zusammen Abendmahl feiern. Schau, da habe ich Brot mitgebracht und Wein. Das wollen wir jetzt gemeinsam essen und trinken. Du hörst doch so gerne Geschichten – ich will jetzt erzählen, wie Jesus mit seinen Freunden Abschied gefeiert hat.»

Mit wenigen Sätzen erzählte ich, wie Jesus das Passaessen mit seinen Freunden gestaltet, was er zum

Brot und zum Wein gesagt hatte, und reichte den Teller mit dem Brot und den Becher mit dem Wein in der Runde herum. Es herrschte zugleich Sachlichkeit und Feierlichkeit in diesem nüchternen Spitalzimmer. Dann wieder Stille. Nach einer Weile sagte ich: «Ich spreche als Gebet einen Psalm», und rezitierte aus dem Gedächtnis Worte aus Psalm 139: «Herr, du erforschest mich und kennst mich...» Dann das «Unser Vater», in das alle einstimmten. Wieder Stille.

Ich war sehr ruhig und froh, das Gebet in einer dichterisch geprägten Form gesprochen zu haben. Plötzlich hatte ich nämlich die Sorge verspürt, die klare Stimmung im Zimmer könnte zu einer sentimentalen Gefühligkeit zerfliessen.

Franz hatte seine Augen geschlossen und schien zu schlafen. Behutsam packte ich meine Sachen zusammen. Ich trat zu seinem Bett und küsste ihn auf die Stirne. Dann verabschiedete ich mich wortlos und verliess das Sterbezimmer. Es war kurz nach zehn.

Auf dem Heimweg bewegten mich verschiedene Empfindungen. Am stärksten war aber das Gefühl von Glück über die intime Nähe und Gemeinsamkeit, die wir zusammen erlebt hatten, und die mir doch genügend Raum gelassen hatte, ich selber bleiben zu können.

Anderntags erwachte ich mit der Frage, ob Franz wohl schon gestorben sei. Noch vor dem Frühstück rief ich auf der Station an und bekam von der Nachtschwester die Antwort, Franz habe eine ruhige Nacht verbracht; seine Frau und seine Mutter hätten bei ihm gewacht; jetzt werde er gerade gepflegt und versorgt. Er mache einen muntern Eindruck.

Da schoss mir zum erstenmal der Gedanke durch den Kopf, dass sich Franz vielleicht gar nicht an das vorgesehene «Drehbuch» halten werde. Dieses sah ja vor, dass seine Organe spätestens 48 Stunden nach Absetzen der Medikamente definitiv den Dienst aufgäben, so dass Franz sterben würde. Gemäss diesem «Szenario» hätte er nach der gestrigen Abschiedsfeier im Kreis seiner Familie friedlich einschlafen sollen, um nicht mehr aufzuwachen. Das wäre schön gewesen.

Als ich im Verlauf des Vormittags in sein Zimmer trat, fand ich Franz zu meinem Erstaunen im Lehnstuhl sitzend. Er lächelte mich an und sagte: «Ich bin noch da; aber es wird nicht mehr lange dauern.» Mich beschlich ein seltsames Gefühl, als ich mich zu ihm hinsetzte, seine Hand in meine nahm und nicht wusste, was ich sagen sollte, weil ja bereits alles gesagt und der Abschied vollzogen war. Zwei Krankenschwestern waren dabei, sein Bett frisch zu beziehen. Es kostete ihn viel Kraft, bis er wieder in den sauberen Leintüchern lag. Ich setzte mich zu ihm und fasste seine Hand. Die Schwestern arbeiteten flink und geräuschlos. Ich beneidete sie darum, dass sie etwas tun konnten. Da kam mir Franz zu Hilfe. Mit schwacher Stimme sagte er zu mir: «Du bist mir ein lieber Freund geworden... ich habe eine Bitte... würdest du noch einmal ein Lied für mich singen?»

Die beiden Krankenschwestern hatten ihre Arbeit beendet und standen am Fussende des Bettes. «Sollen wir hinausgehen?» fragten sie. «Nein, bleibt doch hier», forderte ich sie auf. Da setzten sie sich an der Seite des Bettes auf zwei Stühle. «Franz, ich singe dir noch einmal das Lied von ‹Gottes Lieb in Ewigkeit›.» Während ich sang, hielt er seine Augen geschlossen. Ich fragte mich, ob er wohl eingeschlafen sei; oder ob er gar während meines Singens «hinübergegangen» sei? Ich schämte mich ein wenig über diesen eitlen Gedanken. Vielleicht war Franz eingeschlafen; vielleicht hatte er sich einfach in sich selber zurückgezogen; gestorben war er jedenfalls nicht. Er liess sich nämlich noch einmal ganze sieben Tage Zeit dazu.

Es wurde eine spannungsgeladene Zeit. Bei allen Beteiligten, den Ärzten, dem Pflegepersonal, den Angehörigen, war die Bereitschaft zu bedingungsloser Zuwendung zu spüren; aber je mehr Zeit sich Franz für das Sterben nahm, desto schwieriger wurde es, diese Zuwendung durchzuhalten. Während einer ganzen Woche wichen Jane, Franzens Mutter und zwei seiner Schwestern kaum von seinem Bett. Glücklicherweise war das «Eckzimmer» geräumig.

So konnte man noch zwei weitere Betten hineinstellen. Zwei, manchmal drei Frauen schliefen bei ihm. Zum Essen gingen sie abwechslungsweise in ein nahes Restaurant und kehrten sogleich zurück. Am fünften Tag sagte seine Mutter ganz verzweifelt zu mir: «Ich schäme mich, aber ich bin so weit, dass ich bete, Franz möge bald sterben – und gleichzeitig hoffe ich, dass Gott ein Wunder tut und ihn am Leben lässt.»

Auch für die Ärzte, die aus mir unerfindlichen Gründen bis zum Schluss mit Gesichtsmaske und Handschuhen ins Zimmer traten, wurde es eine harte Belastungsprobe. Hatten sie vielleicht zu früh resigniert? Hätten sie Franzens Wunsch, die Therapie abzubrechen, übergehen sollen, weil medizinisch noch nicht alles verloren war? Spürten sie von seiten der Angehörigen vielleicht die unausgesprochene Erwartung, die Behandlung wieder aufzunehmen, weil Gott anscheinend im Begriff war, ein Wunder zu wirken, und er nun die Mithilfe der Mediziner brauchte? Hatte nicht der verantwortliche Arzt selber einmal gesagt, dass er nie ausschliesse, dass Wunder geschehen können?

Auch das Pflegepersonal, das täglich während vieler Stunden an Franzens Bett arbeitete, ertrug die Belastung von Tag zu Tag schlechter. Neben Franz brauchten ja noch vier andere, ebenfalls schwerkranke Patienten Zuwendung. Zwar waren alle gewillt, dem Sterbenden und seinen Angehörigen ihr Bestes zu geben. Aber es war doch deutlich zu spüren, wie mit der Zeit die Worte knapper und die Freundlichkeit förmlicher wurden. In der Luft stand unausgesprochen der Satz: Wir wären alle erleichtert, wenn Franz bald sterben könnte!

Mir selber ging es nicht anders. Auch ich spürte, wenn ich am Morgen und gegen Abend in sein Zimmer trat, in mir die geteilte Hoffnung, Franz möchte endlich das Atmen aufgegeben oder aber eine deutliche Wendung zum Leben gemacht haben. Bei allem hatte ich es ja gut; denn ich konnte nach einer Weile den Raum wieder verlassen und mich andern Personen oder Dingen zuwenden.

Franz rührte sich kaum mehr, weil er von starken Medikamenten betäubt war; aber sein Atem ging laut, oft röchelnd. Meistens sassen links und rechts vom Bett Angehörige und hielten seine Hände oder hatten die Arme um seinen Oberkörper gelegt. Manchmal reagierte er schwach, wenn man ihn mit lauter Stimme aufrief. Dann versuchte er, die Augen zu öffnen oder mit dem Kopf eine Bewegung anzudeuten. In der Nacht lag Jane dicht neben ihm, um ihm Wärme zu spenden.

Allmählich spürte ich, wie gross das Bedürfnis der Angehörigen nach «Halt» wurde, Halt im buchstäblichen Sinn. Irgendwann hatte ich mich – vielleicht aus dem Gefühl eigener Hilflosigkeit – hinter Janes Stuhl gestellt und ihr meine Hände mit leisem Druck auf die Schultern gelegt. Ich spürte, wie sie ihre angespannten Muskeln lockerte und sich gleichsam in meine Hände schmiegte. Ein andermal hatte ich, neben Franzens Mutter sitzend, meinen Arm um ihre Schultern gelegt und gemerkt, wie dankbar sie sich ganz wenig «hineinfallen» liess. Ich sah, wie es ihnen schwer fiel, auf die Dauer Haltung zu bewahren, und wie froh sie für den «Halt» waren, den ich ihnen anbot.

Andererseits gab es auch Momente heiterer Lokkerheit, wo alle spürten, dass sich das Leben nicht aufhalten lasse. Die jüngste Schwester von Franz begann plötzlich begeistert von ihrer Arbeit zu erzählen; eine andere Schwester war mit ihrem Säugling zu Besuch, und alle ergötzten sich am Kleinen. Für Augenblicke war der sterbende Franz vergessen. Heitere Episoden aus seiner eigenen Kindheit wurden aufgetischt, oder Jane erzählte Erlebnisse aus ihrer Zeit in Amerika. Aber wenn mit einemmal sein Atem aussetzte, erstarb schlagartig das Gespräch; alle schauten voll Spannung zu ihm hin und schnauften auf, wenn sein Atem wieder einsetzte. Es schien, als kehre man vom Ausflug in eine Scheinwelt ausserhalb der Spitalmauern in die Wirklichkeit dieses Krankenzimmers zurück.

Als ich am achten Tag ins Zimmer trat, lag Empörung in der Luft. Man berichtete mir, die Assistenzärztin habe ihm für eine Untersuchung Blut abgenommen. Zwar habe sie Franz nicht eigens stechen müssen, weil er ja einen Katheter trage; aber diese Blutuntersuchung laufe der Abmachung zuwider, dass man nichts mehr unternehme, was sein Leben verlängern könnte.

Als kurz darauf der leitende Arzt mit Mundmaske und Handschuhen das Zimmer betrat, schlug ihm Ablehnung und Kälte entgegen.

Wozu man das Blut untersuche?

Das sei für eine Demonstration im Rahmen einer Vorlesung bestimmt gewesen. Ob die Frau Doktor das nicht erklärt habe?

Nein. Aber bei dieser Gelegenheit möchte man dem Herrn Professor mitteilen, es sei der erklärte Wunsch von Franz, dass nach seinem Ableben keine Obduktion vorgenommen werde.

Der Professor schluckte leer, als er das hörte, und antwortete in höflichem, aber gereiztem Ton, man respektiere selbstverständlich den Willen des Patienten; aber ehrlich gesagt, habe man damit Mühe. Für sie als Ärzte sei es nämlich – auch im Hinblick auf andere Patienten – von grösstem Interesse, mit eigenen Augen sehen zu können, wie sich Franzens innere Organe verändert hätten. Ob sie sich die Sache nicht noch einmal überlegen möchten?

Nein, man werde sich an seinen Wunsch und Willen halten.

Als der Professor weggegangen war, herrschte eine gedrückte Stimmung im Zimmer. Woher diese plötzliche Feindseligkeit gegenüber dem Professor, dem man bis dahin vertraut hatte? War es die Enttäuschung über das Versagen der Spitzenmedizin, die sich in der Verweigerung der Obduktion ausdrückte, im Sinn einer hilflosen Geste der Rache? Wenn ihr Franz schon nicht heilen könnt – vielmehr stirbt er ja an eurer Behandlung! –, dann sollt ihr eure wissenschaftliche Neugier an seinem Leichnam nicht befriedigen dürfen, sondern sollt ihn in Ruhe lassen!

Aber gleichzeitig lag auch etwas wie Scham und schlechtes Gewissen über dieses trotzige Nein in der Luft. Eine der Schwestern meinte, man müsse es sich vielleicht doch noch einmal überlegen, schliesslich könnten die Ärzte vielleicht wichtige Erkenntnisse für andere Patienten daraus gewinnen. Darauf antwortete eine andere Schwester in scharfem Ton, sie seien sich bisher alle einig gewesen, dass Franz nicht obduziert werden dürfe. Ein Familienstreit schien unvermeidlich. Da sagte die stille Jane mit entschiedener Stimme: «Ich werde mich nach Franzens Willen richten.» Damit war die Sache erledigt und der Familienstreit abgewendet.

Am andern Morgen früh läutete in meiner Wohnung das Telefon. Eine der Schwestern meldete: «Vor einer halben Stunde ist Franz verstorben. Wir sind alle froh, dass er hat gehen können. Es war kaum mehr auszuhalten gewesen.»

Eine Stunde später fand ich mich im Zimmer ein. Franz lag unter einem Leintuch, nur sein Kopf war frei: ein entspanntes, fast lächelndes Gesicht. Die medizinischen Gerätschaften waren weggeräumt. Im Zimmer befanden sich Jane, seine Mutter und die eine Schwester, welche die Nacht dort verbracht hatten. Niemand weinte. Auf ihren Gesichtern lag Trauer, aber auch Erleichterung.

Jane erzählte, es sei eine Nacht gewesen wie die vorangegangenen. Franz habe meistens ruhig geschlafen. Nur einige Male habe er sich bewegt und gestöhnt, dann habe sie sich näher an ihn geschmiegt und zu ihm gesprochen. Um sechs Uhr – sie habe noch an die Wanduhr geschaut – sei er unruhig geworden, und sie habe ihn beruhigt. Dann müsse sie wohl noch einmal eingedöst sein, denn als sie um halb sieben aufgewacht sei... da sei Franz bereits von ihnen weggegangen gewesen... Stille.

Ich lege meine rechte Hand auf Franzens Schulter und fasse mit der linken nach der Hand meiner Nachbarin. Die Frauen verstehen meine stumme Aufforderung. Wir bilden einen Kreis um sein Bett und schliessen ihn mit ein. Die Tür öffnet sich und eine

Krankenschwester tritt leise hinter uns. Zwei der Frauen lösen ihre Hände, damit die Pflegerin in den Kreis treten kann.

Ich spreche einige Sätze als Gebet und versuche der Trauer, dem Schmerz, der Erleichterung und der Dankbarkeit Ausdruck zu geben. Dann gemeinsam:

«Unser Vater im Himmel...»

Es ist still, sehr intim, aber nicht weihevoll.

Dann Bewegung, Sachlichkeit, besprechen, was tun, telefonieren, organisieren, Aufbruchstimmung. Ein paar Stunden später sind die Formalitäten auf den Ämtern erledigt, die Sachen gepackt. Es zieht alle heimwärts.

Bevor sie das Spital verlassen, verabschieden sich die drei Frauen von mir in meinem Arbeitszimmer. Diese Geste freut mich. Zu sagen gibt es nichts mehr. Wir umarmen uns. Jane sagt: «God bless you!»

Begleitung sterbender Menschen

Ein Gespräch zwischen
Peter Fässler-Weibel und Theophil Spoerri

Biographisches

Peter: Theophil Spoerri, wir haben uns bei gemeinsamer Arbeit kennengelernt. Trotzdem frage ich dich: Wer bist du eigentlich? Erzähl mir etwas aus deinem Leben!

Theophil: Wenn du meine biographischen Daten wissen willst, dann gehe ich rückwärts: Seit etwa zwölf Jahren bin ich Seelsorger am Kantonsspital Basel. Vorher war ich neun Jahre lang Gemeindepfarrer in Basel und noch zuvor knapp vier Jahre Pfarrer in einer Diasporagemeinde im Kanton Freiburg. Vor meinem Theologiestudium unterrichtete ich als Primarlehrer in einem bernischen Bauerndorf; denn Theologie studierte ich als Zweitausbildung. Soviel zu meiner beruflichen Laufbahn.

Peter: Und zu deinem persönlichen Werdegang?

Theophil: Ich wurde in Rumänien unter dem Namen Theophil Feinstein geboren. Mein Vater war rumänischer Jude. Meine Mutter (eine geborene Spoerri) war als stellenlose bernische Lehrerin nach Rumänien gegangen und heiratete 1928 Isaac Feinstein. Die beiden hatten sechs Kinder, ich bin das jüngste. Wir lebten in der Stadt Jassy im Nordosten Rumäniens. Die Hälfte der Bevölkerung von Jassy war jüdisch, etwa 50'000 Menschen. Im Juni 1941 kam es zu einem Pogrom (Verfolgung), dem grössten in Rumänien, in welchem mein Vater zusammen mit rund 11'000 andern Juden umgebracht wurde. Meine Mutter als Nichtjüdin und wir Kinder als Halbjuden blieben verschont. Im Herbst 1942, etwa ein Jahr nach der Ermordung meines Vaters, gelang der Mutter mit ihren sechs Kindern die Rückkehr in die Schweiz. Hier hat sie für sich und ihre Kinder wieder ihren ursprünglichen Schweizernamen angenommen. Angesichts der damaligen politischen Situation kann ich das verstehen.

Peter: Hast du Erinnerungen an deinen Vater und an diese schrecklichen Ereignisse?

Theophil: Kaum. Als mein Vater abgeholt wurde, war ich nicht ganz zweijährig. Eigentlich kenne ich ihn und seine Geschichte nur durch die Erzählungen meiner Mutter.

Peter: Wie seid ihr, deine Mutter und deine Geschwister, damit umgegangen?

Theophil: Was heisst «damit umgegangen»? Zuerst einmal sind wir «umgegangen worden»! Als wir in die Schweiz kamen, war meine Mutter völlig mittellos. Sie hatte keine Arbeit und sechs kleine Kinder zwischen zwei und zwölf Jahren zu versorgen. Es blieb ihr nichts anderes übrig, als die Kinderschar auf verschiedene Pflegeplätze im Kreise ihrer Verwandtschaft und bei Bekannten unterzubringen. Sie selber fand vorübergehend Arbeit als Leiterin eines Heimes für jüdische Flüchtlingskinder. Es war paradox: Sie wurde zur «Mutter» für Flüchtlingskinder und konnte ihren eigenen Kindern (auch Flüchtlingskinder) kein Heim bieten.

Peter: Eure Familie wurde also auseinandergerissen?

Theophil: Ja, wir wurden auf sechs verschiedene Pflegeplätze verteilt. Bis zu meinem zehnten Lebensjahr (also während acht Jahren) lebte ich an fünf verschiedenen Orten in der Schweiz. An einen Ort habe ich schlechte Erinnerungen. Damals war ich drei-, vierjährig. Mit einem andern Ort verbinden sich dagegen warme, richtig heimatliche Gefühle. Das war bei einer Pflegefamilie im Berner Oberland, mit welcher ich bis heute Kontakt pflege.

Peter: Warst du so etwas wie ein «Verdingkind»?

Theophil: Nein! Mit dem Wort «Verdingkind» verbindet sich die Vorstellung von Armut, Ausbeutung, ein billiges Knechtlein. Nein, ich fühlte mich in dieser Bauernfamilie aufgenommen – allerdings mit dem Vorbehalt, letztlich doch nicht zu ihr zu gehören. Das habe ich nie vergessen.

1946 erhielt meine Mutter für eine begrenzte Zeit kostenlos eine Wohnmöglichkeit angeboten. Mit einer kleinen finanziellen Unterstützung konnte sie dort leben. Das war in Basel, in einem wunderschönen Jugendstil-Herrschaftshaus, das aber ziemlich heruntergekommen war. Das Haus bildete so etwas wie ein Durchgangsheim für jüdische Flüchtlinge, die von da nach irgendeinem Land auswanderten. In Basel konnte meine Mutter einige ihrer Kinder zu sich nehmen, mich als jüngstes und zeitweilig auch zwei der älteren. Eine meiner Schwestern war geistig behindert und lebte dauernd in einem Heim.

Peter: War dies für deine Mutter nur eine provisorische Lösung?

Theophil: Ja. Nach drei Jahren – ich ging inzwischen in die dritte Klasse – wurde dieses Durchgangshaus aufgehoben. Meine Mutter versuchte, in ihrem angestammten Beruf als Lehrerin eine Stelle im Kanton Bern zu finden. Das war damals sehr schwierig, weil Lehrerüberfluss herrschte. Zudem hatte meine Mutter viele Jahre nicht mehr unterrichtet und war bereits über fünfzig Jahre alt. Schliesslich erhielt sie eine Anstellung in einem kleinen Dorf im Kanton Bern, und wir konnten im Schulhaus wohnen. Zwischen zehn und sechzehn hatte ich erstmals ein festes Daheim. Meine älteren Geschwister kamen jedoch nur zu Besuch; sie waren bereits selbständig.

Heimat: Was bedeutet das?

Peter: Du bist an verschiedenen Orten Pflegekind gewesen, aber nur an einem Ort fühltest du dich ausgesprochen wohl und spürtest ein Gefühl von Heimat. Was bedeutet für dich «Heimat»?

Theophil: Ich empfinde den Begriff «Heimat» als zwiespältig. Er gibt zu Missverständnissen Anlass, wie sentimentales Heimatgefühl, Nostalgie, Abgrenzung gegen Fremdes usw. Trotzdem finde ich das Gefühl von Zusammengehörigkeit und Geschlossenheit, das ich damals erlebte, positiv. Ich fühlte mich in dieser Familie, einer Grossfamilie oder fast schon Sippe, aufgehoben. Es gab eine familiäre Solidarität, in der auch für mich, das Flüchtlingskind, Raum war.

Dazu kommt der Eindruck einer landschaftlichen Harmonie, die sich in mir unauslöschlich eingeprägt hat. Beim Wort «Heimat» denke ich unwillkürlich an diese Berglandschaft.

Peter: Kannst du auch formulieren, was für dich «Nichtheimat» bedeutet? Welche Gefühle verbindest du damit?

Theophil: Am ehesten Gefühle des *Alleinseins*. Allerdings kann Alleinsein auch schön sein, wenn ich es selber suche und mich dafür entscheide. Aber wenn Alleinsein bedeutet: keinen vertrauten Menschen haben, allein sein müssen...

Peter: Also verlassen sein?

Theophil: Ja, verlassen, verloren sein, das ist für mich Heimatlosigkeit.

Dazu fallen mir die Menschen ein, die bei uns Asyl suchen und verloren in einer fremden Stadt, einer fremden Kultur stehen. Sie haben zwar ein Dach über dem Kopf und drei Mahlzeiten pro Tag, auch Taschengeld – aber gleichzeitig das Gefühl extremer Unbehaustheit. Ich denke, das ist das Gegenstück zum Heimatgefühl.

Peter: Konkret ist es das Gefühl, nicht dazuzugehören, nicht Teil des Systems zu sein, in dem man lebt. Du bleibst ein Fremdkörper.

Theophil: Etwas von diesem Gefühl des Fremdseins, vom Wissen, nicht dazuzugehören, hat mich mein Leben lang begleitet. Zwar fühlte ich mich in jener Grossfamilie aufgehoben; aber tief in mir hatte ich trotzdem das Wissen, nur geduldet zu sein. Bis zum heutigen Tag reagiere ich in gewissen Situationen sehr empfindlich, vor allem dann, wenn ich den Eindruck habe, ich sei nicht ganz willkommen.

Peter: Heisst das auch nicht ganz akzeptiert?

Theophil: Ja, nur geduldet zu sein. Diese Scheu oder Angst habe ich als Flüchtlingskind erworben.

Ein Kind, das bei Vater und Mutter aufwächst, darf sein, wie es ist. Es gehört zur Familie. Auch wenn es sich unmöglich benimmt, es gehört trotzdem dazu. Es lebt mit diesem Vertrauen. Ein Pflegekind dagegen muss sich den Platz in der Familie durch Wohlverhalten verdienen und sichern. Es weiss: Wenn ich Probleme mache, verliere ich mein Recht, in der Familie zu leben, und werde unter Umständen weggeschickt. Es lebt ständig in einer heimlichen Angst, seine Lebensgrundlage zu verlieren.

Ich erinnere mich, dass mich meine Mutter in ihren Briefen oder bei ihren spärlichen Besuchen immer ermahnte: «Bisch de lieb, gäll!» Ich lernte also: Sei lieb, sei brav, sonst verlierst du das Recht, in deiner Pflegefamilie zu leben. (Meinem grösseren Bruder B. erging es so!)

Peter: Ungehorsam bedeutet also die Gefahr, von dort, wo du Heimat erlebt hast, weggeschickt zu werden?

Theophil: Ja. Aber trotzdem habe ich dort so viel Gutes erlebt, dass ich es als «Heimat» bezeichne.

Das Spital: Ort erlebter Heimatlosigkeit?

Peter: Ich spanne jetzt einen Bogen zu deinem Beruf als Spitalseelsorger und frage dich: Ist nicht auch das Spital ein Ort, wo das Gefühl von Heimatlosigkeit, von blossem Geduldetsein, intensiv erlebt werden kann?

Theophil: Ich denke, man kann diese Verbindung schon herstellen. Wer ins Spital eintritt, wird Teil eines Systems, dem er sich weitgehend anzupassen und unterzuordnen hat. Andererseits bietet das System *Spital* natürlich auch Hilfe, Heilung, Rettung,

Pflege, Fürsorge, Geborgenheit usw. Aber der Patient wird abhängig von einer Vielzahl von Menschen, die bestimmen, was für ihn gut oder schlecht ist. Im Spital wird man im buchstäblichen Sinn des Wortes ein «Pflege-Kind». Die Menschen, welche Patienten pflegen, sind nicht ihre wahren «Eltern», sondern eben ihre «Pflege-Eltern».

Ich beobachte bei der Mehrheit der Pflegenden ein grosses Engagement für die Patienten und den Willen, sich in deren individuelle Situation einzufühlen. Aber all das bleibt letztlich doch ein professioneller Einsatz, der nicht identisch ist mit dem unmittelbaren Engagement von Eltern ihren Kindern gegenüber. Insofern ist die Situation der Patienten im Spital vergleichbar mit jener der Flüchtlings- oder Pflegekinder, von denen wir gesprochen haben.

Autonomie und Verweigerung

Peter: Ist das Pflegepersonal daran interessiert, die Autonomie der Patienten zu fördern?

Theophil: O ja, bei verantwortungsvollen und einfühlsamen Pflegepersonen erlebe ich dies sehr stark. Natürlich stehen der Wunsch und die Bereitschaft, die Selbständigkeit und Selbstverantwortlichkeit der

Patienten zu respektieren, oft im Widerspruch zu den sogenannten Sachzwängen des Spitalalltags.

Ich erlebe das Grossspital als ein ungeheuer kompliziertes System, in das Tausende von Menschen teilweise in extrem schwieriger seelischer Lage verwickelt sind. Menschen, deren Interessen sich unter Umständen auch widersprechen. Es ist im Einzelfall ungeheuer schwierig, in einem solch komplexen System das ethische Postulat des *Respekts vor der Autonomie der Patienten* zu verwirklichen. Aber ich beobachte, dass das Bemühen, die Würde des Einzelnen zu respektieren, zunehmend vorhanden ist.

Peter: Ich erlebe immer wieder, dass Patienten ihre Autonomie dadurch beweisen wollen, dass sie Anweisungen des Pflegepersonals oder der Ärzte missachten. Andere verweigern das Gespräch mit dem Seelsorger.

Theophil: Ich glaube, für Patienten ist es sehr schwierig, die Anweisungen der Ärzte strikte zu verweigern. Mit dem Eintritt ins Spital haben sie ja gewissermassen einen Vertrag unterzeichnet, der von ihnen das Vertrauen zu den Ärzten fordert. Sie sind von den Ärzten und den Pflegenden abhängig und werden sich ihnen in der Regel fügen, auch wenn sie den Sinn der Anweisungen manchmal nicht erfassen können.

Anders ist es aber mit dem Angebot, das ihnen der Seelsorger macht. Kein Patient ist verpflichtet, den Besuch des Seelsorgers zu akzeptieren und mit ihm ein Gespräch zu führen. Den Seelsorger kann er wegschicken, ohne den ungeschriebenen Vertrag mit dem Spital zu verletzen. Es schmerzt den Seelsorger, wenn er weggeschickt wird. Erkennt er aber, dass diese Verweigerung möglicherweise eine Form ist, womit der Patient noch ein Stück Autonomie erfahren kann, so erträgt er es leichter. Ich habe schon erlebt, dass Patienten, welche sich die Freiheit nahmen, mich wegzuschicken, sich später anders besannen und sich die Freiheit nahmen, nach mir zu rufen. Auch das ist Autonomie.

Von der Herausforderung nicht vorhersehbarer Begegnungen

Peter: Was fasziniert dich denn an deiner Arbeit im Spital?

Theophil: Vielleicht würde ich selber das Wort «faszinieren» nicht benützen, sondern eher von «herausfordern» sprechen. Es bedeutet für mich insofern eine Herausforderung, als ich eigentlich nie voraussehen kann, was die Begegnung mit Patienten, Angehörigen oder Spitalmitarbeitern bewirkt, selbst wenn ich diese Menschen bereits kenne. Möglicherweise hat sich der Zustand eines Patienten, den ich gestern noch gesehen habe, entscheidend verändert. Vielleicht ist er heute in einer tiefen Krise; oder vielleicht hat er neue Hoffnung geschöpft. Das heisst, dass ich mich auf jede Begegnung neu einstellen muss.

Es kommt oft vor, dass ich ohne festes Programm auf die Stationen gehe, nicht selten mit einem diffusen Gefühl von Unlust, weil draussen möglicherweise die Sonne scheint und ich viel lieber spazieren ginge. Gerade dann kann es geschehen, dass mich jemand dringend auffordert, einen bestimmten Patienten aufzusuchen. Dann stehe ich plötzlich in einer nicht vorhersehbaren, mich bedrängenden Situation; hineingenommen in das Schicksal eines Menschen, den ich nicht kenne, der mir aber dennoch sein Vertrauen schenkt. Das berührt mich tief und erfüllt mich oft mit Staunen und grosser Dankbarkeit.

Solche Begegnungen habe ich bestimmt nicht jeden Tag. Aber ich weiss inzwischen, dass sie jeden Tag stattfinden können, oft dann, wenn ich mich selbst müde oder lustlos fühle.

Von Angst und Mut oder vom Mut zur Angst

Peter: Ich denke, solche Situationen sind dir aus deiner eigenen Kindheit nicht fremd. Du gerietest immer wieder in schwierige, ja dramatische Situatio-

nen, auf die du dich nicht im voraus einstellen konntest. Du musstest lernen, deine Angst zu überwinden.

Theophil: Das macht den Eindruck, als wäre ich besonders mutig; das bin ich überhaupt nicht. Ich erlebe meine Arbeit einfach als Herausforderung, der ich mich stellen muss – wobei es auch vorkommt, dass ich mich einmal davonstehle, weil ich keine Kraft oder keine Lust mehr habe. Aber in der Regel nehme ich die Herausforderung an.

Peter: Noch einmal: Ich glaube schon, dass diese, ich nenne sie «Faszination der Herausforderung» mit deiner Lebensgeschichte zusammenhängt. Dir fehlten ja gerade feste Strukturen, auf die du dich unbedingt verlassen konntest – zum Beispiel eine Familie.

Theophil: Das mag alles stimmen. Aber ich habe Sorge, dass du es überbewertest. Im Grunde führe ich ein sehr geregeltes Leben: Ich gehe morgens ins Spital und kehre abends nach Hause zurück, wie ein Beamter, was ich ja auch bin.

Peter: Was das andere nicht ausschliesst. Gewiss, du lebst äusserlich nach einer gewissen Ordnung; aber wenn es nötig ist, macht es dir keine Angst, dich in ungewisse, nicht vorhersehbare Situationen einzulassen. Im Gegenteil – es fasziniert dich.

Theophil: Dass es keine Angst macht, nie Angst macht, würde ich nicht behaupten... Es tönt vielleicht paradox oder extravagant, wenn ich sage, dass ich in manchen Situationen so etwas wie *Mut zur Angst* verspüre und trotz der Angst mich in nicht vorhersehbare Situationen begebe. Aber ich will nicht, dass es so heroisch tönt. Wie schon gesagt, ich kenne auch Momente, in denen ich von allem genug habe.

Weshalb gerade Sterbende begleiten?

Peter: Du erzählst in deinen Geschichten, wie du Sterbende begleitest. Was motiviert dich denn dazu, dich ausgerechnet Sterbenden zu widmen?

Theophil: Als ich meine Arbeit als Spitalseelsorger begann, hatte ich keineswegs die Vorstellung oder gar die Absicht, in erster Linie sterbende Menschen zu begleiten. Ich pflege genau so gerne mit Menschen Umgang, deren Leben noch vor ihnen liegt. Aber es ist eine Tatsache, dass Spitalseelsorger oft zu Patienten gerufen werden, deren Leben zu Ende geht. In dieser Situation versuche ich, meine Aufgabe ernst zu nehmen.

Die Frage stellt sich ja, ab wann jemand als «Sterbender» gilt. Eine Seelsorgebeziehung fängt oft an, wenn ein Mensch noch lange nicht mit seinem Tod rechnet, sondern erwartet, seine Krankheit könne geheilt oder mindestens aufgehalten werden, sei es bei Krebs oder Leukämie. Doch plötzlich kommt der Augenblick, wo aus der Begleitung eines Kranken eben eine «Sterbebegleitung» wird.

Was bedeutet «Sterbende begleiten»?

Peter: Wenn ich deine «Geschichten vom Übergang» anschaue, so denke ich, dass du versuchst, mit einem sterbenden Menschen einen Weg zu gehen, ihn so zu begleiten auf seiner letzten Wegstrecke, dass er sich wohlfühlen und ein Stück innerer Heimat finden kann.

Theophil: Das hast du jetzt wunderschön gesagt – ich versuche es zumindest. Vielleicht hängt das wirklich mit meiner Erfahrung als Pflegekind zusammen, dass ich mich auch als Seelsorger niemals aufdrängen möchte. Ich glaube, dass für mich Zurückhaltung oder Diskretion an erster Stelle steht. Vielleicht bin ich hin und wieder sogar allzu zurückhaltend.

Mein Anliegen ist es, Menschen die Freiheit zu geben, die Hand wieder loszulassen, die ich ihnen biete. Buchstäblich! Es fällt mir eine Geste ein, die ich häufig mache: Oft fasse ich die Hand eines sterbenskranken Menschen. Wenn ich merke, dass ich ihn dabei festhalte, drehe ich meine Hand so um, dass die Handfläche nach oben zeigt und er seine Hand auf die meine legen, sie aber auch wieder wegziehen kann. Vielleicht drückt sich darin etwas von der Haltung aus, die ich einzunehmen versuche. Ich hoffe, dass dies auch in den «Geschichten» zum Ausdruck kommt. Ich möchte mitgehen, aber nicht dirigieren.

Peter: Gibt es nicht auch Situationen, wo du als Begleiter die Initiative übernimmst?

Theophil: Doch, du hast recht, das kommt vor. Es gibt Momente, wo ich spüre, dass ich von mir aus einen Schritt oder ein Angebot machen muss. Zum Beispiel: ein Gebet oder – in meiner Version – ein Lied anbieten. In den seltensten Fällen spricht der Patient selber diesen Wunsch aus. Ab und zu warten Patienten aber darauf, dass ich ein solches Angebot mache. Ich versuche, mein Gefühl sehr ernst zu nehmen – gerade weil ich andererseits keinen Patienten mit etwas überfahren möchte.

Hin und wieder erlebe ich aber auch, dass ich in einem Sterbezimmer die Funktion eines «Regisseurs» übernehmen muss. Wenn Angehörige des eben Verstorbenen in ihrer Hilflosigkeit nicht wissen, wie sie sich zu verhalten haben, setze ich manchmal bewusst Strukturen. Ich frage zum Beispiel, nachdem sie geweint und geklagt haben: «Soll ich ein Gebet sprechen?» und erlebe, wie beruhigend dieser Vorschlag wirkt. Oder ich frage später: «Sollen wir jetzt die Schwester rufen?» und spüre, dass sie erleichtert sind, einen Ausweg zu finden. Ich kann das tun, weil ich selber nicht unmittelbar betroffen bin, also weder Ehemann noch Sohn der Verstorbenen, sondern eben Begleiter oder Zeuge.

Peter: Du wartest also ab, welche Signale der Patient oder die Angehörigen dir geben, und versuchst, darauf einzugehen.

Theophil: Genau: auf seine Signale antworten, das ist ein anderes Bild für *«einen Menschen begleiten»*. Auf keinen Fall «betreuen»! Ich finde dieses Wort schrecklich herablassend; als ob ich bereits im voraus wüsste, was er braucht.

Dazu fällt mir ein Erlebnis ein, das ich kürzlich hatte. Auf der Notfallstation lernte ich eine etwa 60jährige krebskranke Frau kennen, welcher man eröffnet hatte, dass sie nur noch kurze Zeit zu leben habe. Auf meine Frage, ob ich sie regelmässig besuchen solle, reagierte sie zuerst zurückhaltend, stimmte dann aber zu. Ich stattete ihr jeden Tag einen kurzen Besuch ab, wobei es selten zu tieferen Gesprächen kam. Eines Tages sagte sie unvermittelt:

«Herr Spoerri, Sie haben mich neulich gefragt, ob Sie etwas für mich tun könnten, und ich wusste keine Antwort; jetzt weiss ich sie. Beten Sie, dass ich bald sterben kann, dass es nicht mehr lange dauert. Mit meinem Mann und meinen Kindern habe ich alles besprochen, was es zu sagen gibt.»

Diese Situation bewegte mich, weil die Frau etwas aufnahm, was ich ihr Tage zuvor angeboten hatte. Jetzt konnte ich sie fragen, ob ich ihr ein Lied, ein Gebet singen dürfe. Ich spürte, dass die Bereitschaft jetzt von beiden Seiten vorhanden war.

Was kann ich einem sterbenskranken Menschen wünschen?

Peter: Die Bitte dieser todkranken Frau: «Beten Sie für mich, dass ich bald sterben kann», veranlasst mich zur Frage: Was sagst du einem Patienten, wenn du aus seinem Zimmer gehst? Gewöhnlich verwendet man ja beim Abschied irgendeine Formel wie «Ich wünsche Ihnen alles Gute» oder «Gute Besserung» oder so ähnlich.

Theophil: Solche Floskeln habe ich mir abgewöhnt! An ihrer Stelle pflege ich den Patienten zu fragen: «Was soll ich Ihnen wünschen, wenn ich jetzt hinausgehe?» Oft reagieren die Menschen zuerst verdutzt: «Gute Frage, was können Sie mir wünschen...?» Dann denken sie aber nach und formulieren etwas, was für sie gerade wichtig ist. Zum Beispiel: «Dass die Kontrolluntersuchung von morgen ein gutes Ergebnis bringt», oder ganz einfach: «Dass ich einmal eine Nacht durchschlafen kann», oder eben: «Dass ich endlich sterben kann».

Mit andern Worten: Ich versuche, vom Patienten zu erfahren, was er sich jetzt erhofft, oder wovor er Angst hat; was ihn jetzt innerlich bewegt.

Ich möchte mich davor hüten, dem Patienten etwas zu wünschen, von dem ich gar nicht weiss, ob es auch sein Wunsch sei. Hätte ich jener todkranken Frau «Gute Besserung» gewünscht (ein scheinbar sinnvoller Abschiedswunsch!), dann hätte ich sie damit vor den Kopf gestossen. Sie hätte vermutlich aus Höflichkeit nichts dagegen eingewendet; aber sie hätte sich von mir bestimmt nicht verstanden gefühlt.

Einmal antwortete mir ein Mann auf diese Frage sehr aggressiv: «Wünschen Sie mir alles andere als viel Hoffnung und Geduld, ich kann es nicht mehr hören!»

Peter: Also weg von gängigen Floskeln wie «Alles Gute! Gute Besserung! Viel Geduld!» usw., weil sich dahinter eigentlich eine Hilflosigkeit verbirgt. Du möchtest den Patienten als erwachsenen Partner ernst nehmen. Kann man das so sagen?

Theophil: Ja. Ich möchte, dass er zumindest andeutet, was für ihn in seiner Lage hier und heute wichtig ist. Oft bleibt es zwar ein unbeholfener Versuch, eben eine Andeutung, weil viele Menschen ihre Gefühle kaum genau ausdrücken können. Ich versuche das, was ich zu hören meine, in einem Satz oder einem Bild zu formulieren, und frage zurück, ob es stimmt.

Peter: Damit vermittelst du ihm das Gefühl, dass du sein Anliegen, das er selber vielleicht gar nicht klar ausdrücken kann, erahnt oder verstanden hast.

Theophil: Ja. Ich möchte etwas in Worte fassen, was mir vielleicht ungeformt und diffus angeboten wird. Manchmal gehe ich allerdings noch ein Stück über das hinaus, was mir angeboten wird. So sagte mir ein Patient, der seit Wochen in einem Isolierzimmer leben muss: «Wünschen Sie mir, dass ich es in diesem Gefängnis aushalte, ein Tag ist wie der andere...!» Meine Antwort: «Ich wünsche Ihnen, dass Sie für jeden Tag die nötige Portion Durchhaltekraft erhalten.» Dann fügte ich hinzu, weil er mich auf die Bibel und Jesus angesprochen hatte: «Sie kennen doch das *Unser Vater*. Dort steht die Bitte: *Gib uns heute unsere Brotration*. So wünsche ich Ihnen für heute und für morgen die nötige Ration an Durchhaltevermögen und Geduld.»

Ich weiss, dass ich mit diesem Wunsch über das hinausgegangen bin, was mir der Mann als sein Gefühl angeboten hat. Ich habe versucht, bei dieser Gelegenheit den Aspekt des Glaubens ins Spiel zu bringen. Es kommt nicht selten vor, dass Menschen dieses Angebot aufnehmen, weil sie ja wissen, dass ich Pfarrer bin und deshalb für die intimen Fragen ihres Glaubens oder ihres Zweifels ansprechbar bin.

Über Gott und Schicksal, Schuld und Vergebung

Peter: Welche Rolle spielen Religion, Glauben und Kirche bei der Begleitung kranker oder sterbender Menschen?

Theophil: Wenn ich mit einem Patienten oder seinen Angehörigen Kontakt aufnehme, so stelle ich mich fast immer als *Seelsorger* vor. Die meisten bringen die Bezeichnung «Seelsorger» mit «Pfarrer» oder «Priester» in Verbindung, also der Person, die für Fragen der Religion und des Glaubens zuständig ist. Als «Seelsorger» bin ich aber nicht auf eine bestimmte Konfession fixiert, und das ist mir wichtig.

Während des Gesprächs versuche ich genau hinzuhören, welche Stichwörter oder Themen mir angeboten werden. Oft wird die Frage nach der Gerechtigkeit gestellt. Ich versuche dann behutsam, diese uralte, nie gelöste Frage nach der Gerechtigkeit Gottes oder des Schicksals aufzunehmen.

Peter: Geht es meistens um diese Frage?

Theophil: Es geht oft um die grundlegende Sinnfrage: «Warum lässt Gott eine solche Ungerechtigkeit, wie sie mein Leiden darstellt, zu? Ich habe ja immer brav und anständig gelebt. Warum gerade ich?»

Kürzlich stellte mir ein 18jähriger Patient, der sich einer mörderischen Therapie unterziehen muss, genau diese Frage. Mir war klar, dass ich keine billige, vertröstende Antwort geben durfte. Als erstes sagte ich ihm, mir sei bewusst, dass ich nicht in seiner Haut stecke, und dass ich an seiner Stelle vielleicht die gleiche Frage stellen würde. Dann erzählte ich ihm die märchenhafte Geschichte von Hiob; wie Hiobs Freunde ihm Moral predigen wollten; wie er sich gegen Gott auflehnte und von ihm Rechenschaft forderte. Der junge Mann hörte mir aufmerksam zu und bat mich, ihn bald wieder zu besuchen. Ich hatte ihm keine schlüssige Antwort auf seine Frage geben können; aber trotzdem schien er mir irgendwie getröstet.

Peter: Erlebst du auch, dass Menschen – vielleicht auch Angehörige von Sterbenden – von Schuldgefühlen geplagt werden, wenn ihr Leben zu Ende geht?

Theophil: Ich denke, dass sich Schuldgefühle auf ganz verschiedene Weise ausdrücken können. Ich habe nicht oft erlebt, dass jemand wörtlich sagte, er fühle sich schuldig. Vielleicht ist aber das Erlebnis, das ich neulich hatte, Ausdruck von Schuldgefühlen.

Eine Frau, Mitte sechzig, liegt im Sterben. Ihr Zustand hat sich unerwartet schnell verschlechtert. Im Krankenzimmer sind der Ehemann, die Tochter und deren Partner. Das Pflegepersonal bittet mich um Beistand. Im Zimmer herrscht eine Atmosphäre der Verzweiflung und Verbitterung; kaum zum Aushalten. Die 30jährige Tochter ist einem Zusammenbruch nah. Der Ehemann kreist wie ein Tiger im Zimmer herum. Ich habe noch selten eine derart geladene Stimmung an einem Sterbebett erlebt. Ich stelle mich als Seelsorger vor und frage, ob ich eine Weile bei ihnen bleiben solle. Der Mann beschimpft mich zuerst, willigt aber doch ein und fängt sogleich an, detailliert die Krankengeschichte seiner Frau zu erzählen. Dabei beschuldigt er die Ärzte, die Pflegenden, das ganze Spital, sie seien schuld am Zustand seiner Frau. Er zählt auf, was sie alles falsch gemacht oder unterlassen hätten. Zwischendurch wird er vom Weinen gepackt, das er aber sogleich unterdrückt; dann tigert er wieder im Zimmer herum und schlägt die Fäuste gegeneinander. Für kurze Zeit verschwindet er aus dem Zimmer. Die Tochter benutzt diese Gelegenheit, um sich über ihren Vater zu beklagen, der die Mutter stets vernachlässigt und sie, die Tochter, misshandelt habe.

Ich halte mich sehr lange im Zimmer auf, höre dem Mann und der Tochter zu. Schliesslich frage ich, ob ich etwas für sie tun könne. Prompt kommt die Anwort des Mannes: «Was können Sie schon tun?» Nach einer Weile wiederhole ich aber meine Frage, und nun antwortet er zögernd: «Vielleicht könnten Sie doch ein Gebet sprechen.» Zuerst vergewissere ich mich, ob es wirklich ihr Wunsch sei; alle drei nicken. Dann fordere ich sie auf, sich ums Bett zu stellen, der Mann rechts, die Tocher links, dann der Freund und ich dazwischen. Wir fassen uns an den Händen. Die Tochter und der Mann ergreifen die Hände der sterbenden Frau. Dann formuliere ich ein paar Sätze als Gebet.

Es ist mir dabei bewusst, dass ich jetzt *Regie* führe. Aber ich spüre, dass ich in dieser Atmosphäre, die dermassen geladen ist von Aggression, Schuld, Trauer und Verzweiflung, die Führung übernehmen muss, um eine Explosion zu verhindern.

Die Frau ist wenige Stunden darauf verstorben. Eine Pflegerin sagte mir später, die Stimmung im Zimmer sei einigermassen friedlich gewesen.

Peter: Du hast vorhin die Geschichte von Hiob angesprochen. Hiob lehnt sich ja gewaltig gegen Gott auf, den er als ungerecht und unverständlich erfährt. Hast du ähnliche Situationen auch schon erlebt?

Theophil: Dass einer wie Hiob gegen Gott flucht?

Peter: Ja, gegen Gott oder gegen das Schicksal.

Theophil: In einer Hiob'schen Intensität noch nie; jedenfalls nicht bei Patienten. Ihnen fehlt oft die Kraft zum Protest, oder sie sind durch Medikamente betäubt. Vielleicht eher bei Angehörigen. Möglicherweise steckte hinter der verzweifelten Wut jenes Mannes gegen die Ärzte, die seiner Frau nicht helfen konnten, letztlich eine hilflose Wut auf Gott (oder das Schicksal), der ihm seine Frau wegnimmt und ihn jetzt auf seinen Schuldgefühlen sitzen lässt.

Peter: Erlebst du, dass Menschen einander auf dem Totenbett Schuld vergeben, oder dass sie Versöhnung erfahren?

*Theophil:*Es gibt ja viele erbauliche Geschichten, die berichten, wie ganz am Schluss noch Frieden geschlossen wird zwischen zerstrittenen Familiengliedern oder Partnern, die sich auseinandergelebt hatten. Ich denke, solche Dinge passieren. Meistens geschehen sie aber völlig unspektakulär, vielleicht ohne viele Worte. Ich denke an Söhne und Töchter, welche den Groll, den sie jahrelang gegen ihren Vater oder ihre Mutter wegen erlittener Kränkungen herumgetragen hatten, am Sterbebett ablegen und sich mit ihnen versöhnen können. Solche Versöhnung in der letzten Stunde ist etwas ganz Intimes und geschieht meistens, ohne dass es die Umgebung direkt wahrnimmt.

Erinnerst du dich an die Geschichte von Herrn K., der behauptet, die Versöhnung mit seiner geschiedenen Frau und seinen beiden erwachsenen Töchtern sei für ihn kein Thema? Im letzten Augenblick verlangt er dann doch, dass sein Leben durch den Kehlkopfschnitt verlängert werde, damit er seine Kinder und seine ehemalige Frau noch einmal sehen und mit ihnen Frieden schliessen könne. Diese letzte Lebensfrist war für Herrn K. offensichtlich ganz wichtig.

Es fallen mir zwei Situationen ein, die mit mir selber zu tun haben.

Auf ihrem Sterbebett gesteht mir eine Frau, die in meiner früheren Gemeinde eine wichtige Rolle gespielt hat und der ich im Spital wieder begegne, sie habe mich als Pfarrer nie akzeptiert, weil ich nicht ihre theologische Haltung vertreten hätte. Das bedrücke sie. Aber jetzt könne sie mich annehmen.

Oder ich denke an einen Kollegen, der einst mein Vorgesetzter gewesen war und nun todkrank im Spital lag. Zwischen uns hatten stets Misstrauen und versteckte Ablehnung geherrscht. Eigentlich wollte ich sein Zimmer meiden. Dann überwand ich meine Unsicherheit und Abneigung und besuchte ihn doch. Es entwickelte sich ein höflich abtastendes Gespräch über seinen Krankheitsverlauf und über meine Arbeit im Spital. Heimlich suchte ich nach einer Möglichkeit, das Gespräch zu beenden. Da baute er mir ganz unerwartet eine wunderbare Brücke, indem er mir vom Nachttisch seine Bibel reichte und mich bat, ihm ein «Wort» zu lesen. Das hatte ich nicht erwartet! Nach einigem Zögern las ich den Abschnitt, über den ich am vorangegangenen Sonntag in der Spitalkapelle gepredigt hatte. Er hörte mir aufmerksam zu. Dann fingen wir an, über unsere Beziehung zu reden, und mit einemmal war das Misstrauen verschwunden und Verständnis füreinander da. Zwei Wochen später starb er. Ich weiss nicht, wie wichtig die Versöhnung für ihn gewesen war; für mich bedeutete sie aber eine grosse Entlastung.

Peter: Es kommt also vor, dass Menschen vor ihrem Tod noch etwas in Ordnung bringen?

Theophil: Sicher gibt es das. Bloss können wir Aussenstehende oft nicht wissen, was für die Sterbenden das Wichtigste ist, das sie jetzt noch erledigen müssen. Ich habe schon Menschen erlebt, die durch den Besuch von Kursen und durch Lektüre von Büchern grosse Begeisterung für «Sterbebegleitung» erworben haben und nun versuchen, sterbende Menschen zu bewegen, «ihre Geschäfte zu erledigen» (wie es in diesem Jargon heisst).

Peter: Du meinst, sie manipulieren oder bedrängen sie?

Theophil: Diese Gefahr besteht zumindest. Ich glaube, das oberste Gebot für einen Sterbebegleiter sollte sein, mit allen seinen Sinnen zu spüren versuchen, was der *Patient* braucht. Vielleicht hat der Sterbende ein ganz anderes «Geschäft» zu erledigen, als der Begleiter zu wissen meint.

Peter: Das heisst wiederum, dass man die Autonomie des Patienten respektieren sollte, bis zuletzt.

Theophil: Ja. Wenn ich einen Sterbenden dazu dränge, er solle noch etwas Bestimmtes «erledigen», zum Beispiel sich mit jemandem versöhnen, oder was weiss ich, dann ist das wie eine Art säkularer Beichtzwang.

So wie in der katholischen Kirche die Sterbenden früher gedrängt wurden, ihre Sünden zu bereuen, so laufen gutmeinende Sterbebegleiter Gefahr, Menschen zu drängen, ihre «Geschäfte» zu erledigen, in der Meinung, sie wüssten, was für den Sterbenden gut sei.

Wobei ich allerdings nicht ausschliessen will, dass ein Anstoss manchmal hilfreich sein kann. Es braucht aber viel Fingerspitzengefühl.

Peter: Zwischen Sterbenden und ihren Angehörigen stehen ja oft unausgesprochene Schuldgefühle, die es zu erledigen gäbe. Es wäre doch eine wichtige Aufgabe des Sterbebegleiters, die Realität dieser Schuldgefühle aufzunehmen und dann zu versuchen, zwischen den Menschen eine Brücke zu bauen, damit die Schuld aufgelöst werden könnte.

Theophil: Genau. Darum denke ich, dass *ein Seelsorger* auch für Menschen, die sich nicht als gläubig im kirchlichen Sinn bezeichnen, ein sinnvolles Angebot machen kann, das sich von dem unterscheidet, was ein ausschliesslich *psychologisch* geschulter Gesprächspartner anbieten kann. Denn der Seelsorger hat Zugang zu einem Fundus an Worten, Bildern und Gleichnissen aus der jüdisch-christlichen Tradition, welche beim Übergang von dieser zu jener Welt eine grosse Hilfe bedeuten können.

Aber ich beeile mich, beizufügen, dass das nicht an sein Amt als reformierter Pfarrer oder katholischer Priester gebunden ist. Grundsätzlich hat *jeder Mensch* Zugang zu diesem Schatz an biblischen Vorstellungen, Worten und Bildern.

Von Protestanten und Katholiken

Peter: Was unterscheidet deiner Meinung nach den protestantischen vom katholischen Spitalseelsorger?

Theophil: Zuerst muss ich sagen, dass es *den* Seelsorger (ob protestantisch oder katholisch) nicht gibt; weil jeder Seelsorger eine individuelle Persönlichkeit ist.

Der Begriff «*Seelsorger*» ist konfessionell überhaupt nicht eingegrenzt. Demgegenüber ist der «*Pfarrer*» Exponent einer konfessionell definierten Kirche. Aus diesem Grund stelle ich mich grundsätzlich als «Seelsorger» vor und nicht als «Pfarrer» und frage auch nicht nach der Konfession der Patienten; viel eher fragen sie mich nach meiner Kirchenzugehörigkeit. Meistens stelle ich ihnen die Gegenfrage, ob es für sie wichtig sei, zu wissen, ob ich reformiert oder katholisch sei. Oft sagen sie dann: «Eigentlich nicht, wir haben ja den gleichen Herrgott.» Oder: «Es kommt nicht aufs Glaubensbekenntnis an, sondern auf den Menschen.»

Ich stelle mich also grundsätzlich als «Seelsorger» vor und nicht als «Pfarrer», um mich nicht von vornherein auf eine bestimmte Konfession festlegen zu lassen. Viele Patienten unseres Spitals erklären sich zudem als konfessionslos (aber nicht als *ungläubig*, wie sie oft beifügen) oder als atheistisch. Auch gibt es immer mehr Muslime, Hinduisten und Menschen jüdischer Religion. Auf den Stationen, wo ich regelmässig verkehre, versuche ich, den Menschen aller Religionen und Weltanschauungen seelsorgerlichen Kontakt anzubieten.

Es kann vorkommen, dass ein katholischer Patient, der mich als seelsorgerlichen Gesprächspartner durchaus akzeptiert, das Bedürfnis hat, die Kommunion oder die Krankensalbung zu empfangen. Ich gebe dann einem meiner katholischen Kollegen Bescheid; da gibt es zwischen uns kein Problem.

Ich bin von katholischen Patienten oder Angehörigen in solchen Situationen auch schon gefragt worden, ob ich diese Sakramente nicht selber spenden könne. Das habe ich aber strikte abgelehnt.

Zwar habe ich keine Mühe, ein Segnungsritual zu vollziehen; trotzdem hüte ich mich, das Sakrament der Kommunion oder Krankensalbung, wie sie in der katholischen Kirche gefeiert werden, zu imitieren. Das wäre für mich ein Übergriff.

Peter: Es gibt also doch Abgrenzungen zwischen Protestanten und Katholiken?

Theophil: Für mich wird eine Abgrenzung nur im rituellen Bereich sichtbar. Meiner Erfahrung nach haben für schwer leidende Menschen die theologischen Unterscheidungen der verschiedenen Kirchen keine grosse Bedeutung mehr.

Manchmal bin ich etwas traurig, dass meine reformierte Tradition im rituellen Ausdruck so karg ist. Deshalb habe ich mir im Lauf der Jahre ein eigenes «Repertoire» an rituellen Handlungen angeeignet. Es sind «Hand»-lungen (im buchstäblichen Sinn), weil ich dabei Menschen mit meinen Händen anrühre. Ich glaube, dass körperliche Berührung gerade bei sterbenden Menschen sehr wichtig ist. Aber ebenso wichtig ist, genau zu spüren, wieviel Berührung ein Mensch erträgt; vor allem bei Männern, die nicht gewöhnt sind, von einem Mann liebevoll angefasst zu werden. Als Kalauer könnte man sagen, ein Spitalseelsorger sollte «Chiro-Pastor» (=«Hand-Pastor») sein.

Über Singen als Ritual

Peter: In fast jeder deiner Geschichten ist die Rede vom Singen. Könnte man sagen, das Singen stelle für dich eine Art persönliches Ritual dar?

Theophil: Ja, durchaus. Wobei ich betone, dass ein Ritual für mich nichts Oberflächliches ist. Es ist vielmehr der Versuch, eine Wirklichkeit auszudrücken, die ich durch blosse Worte nicht wiedergeben kann.

Anders gesagt: Ich glaube, dass durch das Singen ein Bereich der Seele angerührt wird, den das gesprochene Wort nicht erreichen kann; gerade bei Menschen, die nahe beim Übergang sind.

Peter: Was für Lieder singst du denn?

Theophil: Das ist verschieden. Es hängt auch von der Tages-und Jahreszeit ab. Ein Beispiel: Kürzlich wurde ich zu einer sehr alten sterbenden Frau gerufen, die auf meine gesprochenen Worte nicht mehr reagierte. Es war Vormittag, die Sonne schien hell ins Zimmer – da hörte ich in mir plötzlich das Lied «All Morgen ist ganz frisch und neu…» Ich denke, es war genau das richtige für diese Frau in dieser Situation. Es ist ein wunderschönes Lied, das mich auch textlich überzeugt. Die Strophen vier bis sechs sind ein Gebet:

«O Gott, du schöner Morgenstern,
gib uns, was wir von dir begehrn.
Zünd deine Lichter in uns an,
lass uns an Gnad kein Mangel han.«

Ich nehme an, dass die sterbende Frau dieses Lied früher auch gesungen hatte. Zwar kann ich nicht beweisen, dass sie mein Lied gehört oder gar die Worte verstanden hat; aber ich bin überzeugt, dass etwas sie in ihrem Dämmerzustand erreicht hat.

Peter: Es ist doch bewiesen, dass Menschen auch im Koma Dinge wahrnehmen und davon berichten können, wenn sie wieder aus dem Koma erwachen.

Theophil: Etwas Ähnliches habe ich einmal miterlebt, ganz zu Beginn meiner Arbeit im Spital. Man rief mich zu einer Frau, die nicht mehr ansprechbar sei. Ich fühlte mich sehr unbehaglich und wusste gar nicht, was ich sagen sollte. Da fing ich an, das Lied vom Mond zu singen, der aufgegangen ist – es war tatsächlich an einem frühen Winterabend –, und streichelte Hand und Unterarm der Frau. Früh am andern Morgen ging ich wieder auf ihr Zimmer in der Erwartung, sie sei gestorben. Zu meiner Verwunderung sass sie aufrecht in den Kissen und sprach völlig klar mit mir. Ich erwähnte meinen gestrigen Besuch, und sie antwortete: «Ja, ja, Sie haben mir ein Lied gesungen und mich gestreichelt wie ein Kind.»

Den allerersten Anstoss zum Singen habe ich allerdings von einem Patienten bekommen, der durch einen Schlaganfall die Sprache verloren hatte. Hilflos versuchte ich, ein Gespräch mit ihm zu führen. Da fiel mir ein, dass er am Sonntag – es war der erste Advent gewesen – den Spitalgottesdienst besucht hatte. Ich sagte: «Erinnern Sie sich an das Lied *'Macht hoch die Tür, die Tore weit...'?»* und wollte den Text des Liedes aufsagen. Stattdessen sang ich aber die erste Strophe und erlebte, dass der Patient das Lied mitzusingen versuchte. Dabei konnte er Wörter formulieren, was ihm beim Sprechen kaum gelingen wollte.

Diese zwei Erfahrungen waren für mich Schlüsselerlebnisse und ermutigten mich, das Singen bewusst als Kommunikationsmittel einzusetzen, wo eine verbale Verständigung scheinbar nicht mehr möglich ist.

Peter: Das Singen weckt unter Umständen viel intensivere Emotionen als das gesprochene Wort.

Theophil: Ja, das erlebe ich auch bei Angehörigen von Patienten. Plötzlich fliessen Tränen, während sie vorher die Fassung bewahrt haben. Oft sind die Menschen verlegen, wenn ich frage, ob ich ein Lied singen solle. Sie meinen, sie müssten selber singen, und genieren sich. Aber dann entsteht eine dichte Atmosphäre der Gemeinsamkeit.

Über das Beten

Peter: In unserm Gespräch hast du einmal gesagt, Singen und Beten sei für dich das gleiche, das heisst, auch Singen sei ein Gebet. Trotzdem kommt es vor, dass du im buchstäblichen Sinn betest. Worin liegt für dich der Unterschied?

Theophil: Zuerst muss ich sagen, dass manche der besten traditionellen Kirchenlieder rein formal Gebete enthalten, das heisst: direkte Anrede an Gott. Wenn ein Patient aufnahmefähig ist, kommt es vor, dass ich sage: «Ich möchte Ihnen als Gebet ein Lied singen.»

Aber ich denke jetzt an Situationen, wo zwischen einem Patienten und mir, oder zwischen seinen Angehörigen und mir, eine intime Nähe entsteht, wo ich dann die Frage stellen kann: «Soll ich beten?» Oder diese Bitte wird, meistens ganz vorsichtig, vom Patienten oder einem Angehörigen ausgesprochen.

Dann versuche ich, mit einigen Sätzen das auszusprechen, was ich an Gefühlen im Raum spüre: die Hilflosigkeit, die Angst, die Trauer, die Zärtlichkeit, der Zorn... Ich versuche, in Worte zu fassen, was ungeformt im Raum steht, um es vor Gott auszusprechen – in der Hoffnung, dass es ihn gibt und dass er uns hört. Solche seltenen Momente von Intimität und Nähe sind nur möglich, weil ich mich im Augenblick mit diesen Menschen ganz zu identifizieren versuche.

Peter: Erlaube mir die kritische Frage: Besteht nicht eine Gefahr der Manipulation? Gebet als Opium des Volks?

Theophil: Doch, diese Gefahr sehe ich schon.

Voraussetzung zu einem nicht-«manipulativen» Gebet ist ein grundsätzliches Vertrauen zwischen den

Betroffenen und dem Seelsorger. Wird der Seelsorger als Mensch akzeptiert und billigt man ihm die Fähigkeit zu, mit dieser schwierigen Situation umzugehen, dann besteht keine Gefahr der Manipulation. Der Seelsorger soll sich beim Beten mit den Betroffenen identifizieren. Anschliessend muss er aber wieder Distanz gewinnen, einen klaren Kopf behalten und unter Umständen die Regie übernehmen.

Peter: Wie kommt es denn zu diesem grundsätzlichen Vertrauen, wie du es nennst? Oft ist ja kaum Zeit, um sich kennenzulernen!

Theophil: Es gibt Menschen, für die ist der *Pfarrer* eine Art Gewährsmann in der Sterbesituation, dem sie vertrauen, eben weil er *Pfarrer* ist. Andere wiederum vertrauen dem Seelsorger nicht, weil er *Pfarrer* ist, das heisst eine kirchliche Funktion hat. Sie vertrauen ihm aber, weil sie von ihm als *Mensch* Unterstützung zu erhalten hoffen. Der Seelsorger soll sich als *Person* zur Verfügung stellen. Er soll sich «benutzen» lassen, solange er gebraucht wird. Dann ist sein Auftrag erfüllt; dann kann er gehen.

Über Seelsorge und Psychotherapie

Peter: Worin unterscheidet sich denn Seelsorge von Psychotherapie? Auch der Psychotherapeut bietet sich an im Sinn von: wenn ihr mich braucht, dann «benutzt» mich.

Theophil: Es gibt sicher viele Berührungspunkte oder sich überschneidende Segmente. Bei beiden geht es ja um den Umgang mit Menschen in schwierigen Lebenslagen.

Ein erster, scheinbar äusserlicher Unterschied besteht darin, dass der Psychotherapeut in seiner Praxis sitzt und darauf wartet, dass ihn Klienten aufsuchen. Demgegenüber ergreift der Seelsorger in der Regel die Initiative, geht zu den Menschen hin und sagt ihnen: Ich stehe zu eurer Verfügung. Ein scheinbar bloss formaler Unterschied, der aber im theologischen Gedanken begründet ist, dass (nach der Aussage der Bibel) Gott die Initiative ergreift und auf die Menschen zugeht.

Ein zweiter Unterscheidungspunkt: Ich glaube kaum, dass ein Patient seinen Psychotherapeuten in erster Linie im Kontext von Religion und Glauben sieht, während der Seelsorger doch meistens in diesem Rahmen gesehen wird. Der Erwartungshorizont des Patienten ist also verschieden.

Schliesslich stellt der Seelsorger auch keine Rechnung. Oft ist das für die Menschen, die ihn in Anspruch nehmen, gar nicht einfach zu ertragen. Sie haben das Bedürfnis, ihn irgendwie zu entlöhnen, weil sie sich sonst von ihm abhängig fühlen.

Aber den wesentlichen Punkt sehe ich doch darin, dass der Seelsorger andere Erwartungen weckt als der Psychotherapeut.

Vielleicht könnte man sagen, dass gute Psychotherapie einen Anteil Seelsorge und gute Seelsorge einen Anteil Psychotherapie einschliessen sollte.

Peter: Der Patient/Klient erwartet vom Psychotherapeuten in erster Linie psychische, vielleicht auch physische Heilung, während er vom Seelsorger, gerade in der Sterbesituation, Heilung in einem umfassenden Sinn sucht. Vielleicht «Heil» anstelle von «Heilung».

Theophil: Ich denke schon, dass es in dieser Richtung geht, weil ich diese Erwartung oft spüre.

Aber ich hätte Scheu zu behaupten, wir Seelsorger nähmen den Menschen in seiner «Ganzheit», in einem «geistlichen Horizont» wahr, während sich die Psychotherapeuten darauf beschränkten, die Komplexe und Neurosen ihrer Patienten zu behandeln.

In meinem Bekanntenkreis kenne ich genug Psychotherapeuten, deren Horizont über Zeit und Raum hinausreicht und welche die «geistliche Dimension» durchaus einbeziehen – wenn auch nicht unbedingt im christlich-kirchlichen Sinn.

Die uralte Frage: Was kommt nach dem Tod?

Peter: Aber es ist doch so, dass man eher dem Seelsorger die Frage stellt, was nach dem Tod kommt, als dem Psychotherapeuten. Das deutest du selber doch immer wieder an.

Theophil: Natürlich hast du recht. Gerade indem du darauf beharrst, bestätigst du, dass uns Seelsorgern oft die Kompetenz zugeschrieben wird, zu wissen, oder wenigstens zu ahnen, was nach dem Tod auf uns wartet.

Dagegen betone ich, dass das kein Monopol des Seelsorgers oder des Pfarrers ist. Ich jedenfalls *weiss* nicht, was nach dem Tod kommt, im Gegensatz zu manchen Leuten, welche recht präzise Vorstellungen über die Existenz der Seele nach dem Tod zu haben scheinen.

Ich erinnere mich übrigens nur an eine sterbenskranke Frau, die mir direkt die Frage stellte: «Hast du eine Ahnung, wie es *drüben* sein wird?» Ich gab ihr zur Antwort: «Ich weiss es nicht; bestimmt wirst du es vor mir erfahren.»

Peter: Ich finde es wichtig und ehrlich, dass man nicht so tut, als wüsste man genau Bescheid, was nach dem Tod kommt. Aber erlebst du nicht, dass diese Erwartung an dich gestellt wird?

Theophil: Vielleicht schon. Zum Beispiel, wenn jemand zu mir sagt: «Es ist doch ein grosser Trost zu wissen, dass ich meinen lieben Mann im Himmel wieder sehen werde, nicht wahr, Herr Pfarrer?» Soll ich dann antworten: «Ja, so ist es!» Oder soll ich sagen: «Im Himmel ist alles ganz anders, als wir es uns vorstellen.» Das wäre viel biblischer.

Andererseits kann man auch den aggressiven Vorwurf hören: «Ihr Pfarrer wisst ja auch nicht, was nach dem Tod kommt!» Vielleicht steckt dahinter einfach der Wunsch nach einem tröstenden Zuspruch angesichts des Unbekannten, dem man unaufhaltsam entgegengehen muss.

Aber in der Regel erwarten die Menschen vom Seelsorger gar keine Auskunft darüber, wie es «drüben» ist; denn sie ahnen, dass es der Seelsorger, selbst wenn er Pfarrer oder Priester ist, auch nicht wissen kann.

Vielleicht erwarten sie vom Seelsorger nur, dass er selber die *Hoffnung* hat – und diese Hoffnung irgendwie zum Ausdruck bringen kann –, dass das Leben über die Grenze dieser Zeit in irgendeiner guten Form weitergeht.

Was wünsche ich mir selber?

Peter: Wir haben in unserm langen Gespräch einen grossen Bogen geschlagen und viele wichtige Themen angeschnitten. Zum Abschluss will ich zu dir zurückkommen und dir die gleiche Frage stellen, die du deinen Patienten oft am Ende eines Gesprächs stellst: «Was kann ich dir wünschen?»

Theophil: ...Wünsche mir *Hoffnung*... Am allermeisten wünsche ich mir für jeden Tag einen Funken Hoffnung...!

Peter: Das heisst: Du wünschest für dich genau das, was du den Menschen vermitteln möchtest, denen du in deiner Arbeit begegnest.

Theophil: Eigentlich schon, denn ich bin ja genauso darauf angewiesen.

Weisst du, manchmal fragen mich Leute, ob es nicht furchtbar deprimierend sei, immer um sterbende Menschen herum zu sein. Meine Antwort lautet: nein. Denn per Saldo habe ich bisher mindestens so viel Freundschaft, Liebe und Vertrauen zurückbekommen, wie ich ausgegeben habe. Deshalb kann ich meine Arbeit immer noch mit Freude tun, auch wenn viel Trauer dabei ist. Vielleicht erwächst aus diesem Wechselspiel von Geben und Empfangen die *Hoffnung*, vielleicht...